Chico Xavier
na
Intimidade

OBRAS DO AUTOR

1. Minha Defesa Prévia – 1925 – Campanha Jornalística.
2. Estuário – Versos – Gráfica Rio, Rodrigues & Deus Filho – 1928 – 1ª Edição.
3. Augusto dos Anjos – Monografia – 1931 – Posse na Academia Carioca de Letras.
4. História de Um Coração – 1932 – Homenagem ao Espírito de M.P.C. GEFE.
5. O Sol da Caridade – Versos – 1937 – Prefácio de Manuel Quintão – FEB.
6. Português em 20 Lições – 1940-1965 – 3ª Edição – FEB e Aurora – Prefácio G. Ribeiro.
7. O Meu Fanal – Versos – 1949 – Gráfica Mundo Espírita.
8. Lindos Casos de Chico Xavier – 1955 a 2000 – 19ª Edição – LAKE.
9. O Bom Pastor – 1965 – Prefácio Dr. Guilon Ribeiro – Gráfica Batista Souza.
10. Lindos Casos de Bezerra de Menezes – 1959 a 2001 – 14ª Edição – LAKE.
11. De Irmão para Irmão – Crônicas – 1958 – Gráfica Aurora – 1ª Edição.
12. Teatro Espírita – 1º volume – 1962 – Prefácio do Espírito Hilário Silva – LAKE.
13. Teatro Espírita – 1963 – Gráfica Aurora – Em parceria Emiliano Mendonça e outro.
14. Evangelho e Educação – 1961 – Crônicas Espíritas – Gráfica Aurora.
15. Viagem ao Norte e Nordeste Espíritas – 1962 – Gráfica Aurora.
16. Lindos Casos do Evangelho – 1967 a 1973 – 2ª Edição – LAKE.
17. Seareiros da Primeira Hora – 1968 – ECO – Biografias e Lindos Casos.
18. O Amor de Nossas Vidas – 1968 – Crônicas Espíritas – LAKE.
19. Irmãos do Bom Combate – 1968 – Gráfica Esperanto – Biografias e Lindos Casos.
20. Os Mortos Estão de Pé – 1968 – ECO – Biografias e Lindos Casos.
21. Faze Isso e Viverás – 1972 – Crônicas Espíritas – LAKE.
22. Chico Xavier na Intimidade – 2002 – 2ª Edição – Lindos Casos – LAKE.
23. Lindos Casos da Mediunidade Gloriosa – 1977 – LAKE.
24. O Sacrifício mais agradável a Deus – 1978 – FEEB. – Aguardando vez no prelo: Corações Suspensos – Biografias e Lindos Casos.

RAMIRO GAMA

Chico Xavier na Intimidade

RELATANDO NOVÍSSIMOS LINDOS CASOS DE
FRANCISCO CÂNDIDO XAVIER

LAKE - Livraria Allan Kardec Editora (Instituição Filantrópica)
Rua Assunção, 45 - Brás - CEP 03005-020
Tel.: (0xx11) 229-1227 • 229-0526 • 227-1396 • 229-0937
• 229-4592 e 229-0514
Fax: (0xx11) 229-0935 • 227-5714
São Paulo - Brasil

2ª Edição - do 6º ao15º milheiros
Outubro de 2003

Nota: A LAKE é uma entidade sem fins lucrativos, cuja diretoria não possui remuneração

Capa: Celso Zonatto

LAKE - Livraria Allan Kardec Editora
(Instituição Filantrópica)
Rua Assunção, 45 - Brás - CEP 03005-020
Fones: (0xx11) 229-1227, 229-0526, 227-1396, 229-0937, 229-0514 e 229-4592
Fax: (0xx11) 229-0935 e 227-5714
São Paulo - BRASIL
e-mail: lake@lake.com.br
http://www.lake.com.br
C.N.P.J.: 00.351.779/0001-90   I.E.: 114.216.289.118

Dados Internacionais de Catalogação na Publicação (CIP)
(Câmara Brasileira do Livro, SP, Brasil)

Gama, Ramiro - 1895 - 1974

Chico Xavier na Intimidade: relatando novíssimos lindos casos de Francisco Cândido Xavier - Ramiro Gama - 2ª edição - São Paulo, LAKE - 2003

1. Espiritismo 2. Médiuns - Brasil 3. Xavier, Francisco Cândido de, 1910-2002 - I. Título.

02-2921   CDD - 133.9

Índice para Catálogo Sistemático:
1. Espiritismo   133.9

ÍNDICE

1. Palavras Necessárias, *7*
2. Como Largar de Fumar, *2*
3. O Sol da Caridade, o Padre Júlio Maria e Chico Xavier, *11*
4. Benfeitor Júlio Maria, *13*
5. Cezar, o Ascensorista, e Lindos Casos de Chico Xavier, *15*
6. Chico Xavier e Nossa Campanha de Alfabetização, *18*
7. O Cristo e a Adúltera, *20*
8. De Uma Vez, *22*
9. Casimiro Cunha, Chico Xavier e Manuel Quintão, *24*
10. O Poeta do Evangelho, *26*
11. Hermes Fontes, Quando Menino Eu Era? e Chico Xavier, *29*
12. A Celebridade, *31*
13. Quando Menino Eu Era, *33*
14. Visitando o Túmulo de Augusto dos Anjos, *34*
15. Esse Poeta do Eu, *36*
16. Um Lindo Caso, *37*
17. Ex-Ministro da Marinha e Chico Xavier, *38*
18. Lição Evangélica, *39*
19. Chico Ganhou Um Bolo, *44*
20. Vampirismo, *46*
21. Mistérios Ocultos aos Doutos, *50*
22. Resposta do Alto, *52*
23. Uma Página Diferente, *55*
24. A Lição do Bife, *57*
25. Mau Alimento e Mágoa, *58*
26. Primeiramente, os Necessitados, *59*
27. Amigo, Sim, *60*
28. Meu Deus é Outro, *61*
29. Se Esperasse, *63*
30. Dona Naná e Chico Xavier, *65*
31. O Homem do Sedã, *66*
32. Se a Cobra Me Comesse, *69*
33. Fique com Deus, Irmão Bispo, *70*
34. Desembargador Floriano e Lindos Casos de Chico, *72*
35. Chico Xavier e Dois Lindos Casos, *75*
36. No Centro Espírita do Chico, Pode Ir, *77*
37. Não Precisa de Médico Mas de Prece, *79*

38. Datilógrafo da Espiritualidade, *81*
39. Erva-de-Passarinho e Cipó-Chumbo, *83*
40. Os Espíritas São Uns Exploradores, *84*
41. Atos de Caridade, *85*
42. Seremos Uma Estrela de 5 Raios, *85*
43. Seu Desejo Maior, *89*
44. Conheçamos a Nós Mesmos, *91*
45. Sonhando Com Chico Xavier, *93*
46. O Namoro das Almas, *95*
47. A Lição do Acidente de Pampulha, *97*
48. Remédio Contra a Vaidade, *98*
49. Boaventurices, *100*
50. Chico Xavier e o Programa Pinga-Fogo, *102*
51. O Veterinário de Deus, *105*
52. Uma Lição de Direito Constitucional, *108*
53. Fora da Caridade Não Há Salvação, *110*
54. A Arte Não é para Mim, *113*
55. Obediência e Resignação, *115*
56. O Presente de Jesus, *117*
57. Os Sonhos de Zeca Machado, *119*
58. A Coisa Mais Difícil, *122*
59. Fluidos de Dois Burros, *124*
60. Conserto Num Coração, *126*
61. Jesus Quer Qualidade de Servidores, *128*
62. A Escolha das Reses, *130*
63. As Duas Irmãs da Lapinha, *132*
64. A Analfabeta e a Educada, *134*
65. O "Não Matarás", *135*
66. Ação e Reação, *138*
67. Chico Xavier é Preso... Por Engano, *140*
68. Se Fosse Preso, *142*
69. Chico Xavier na Fundação Marieta Gaio, *144*
70. Verdade e Amor, *146*
71. No Centenário da Codificação do Espiritismo, *150*
72. Primeiro Centenário do Espiritismo, *152*
73. Silencie, Não Fale Nada, *154*
74. O Sacrifício Mais Agrdável a Deus, *157*
75. Um Sonho, Uma Flor e Um Lindo Caso, *159*
76. De Nossas Entrevistas, *161*
77. Carmem Cinira e sua Próxima Encarnação, *163*
78. A Serviço do Senhor!, 165
79. Palavras Finais em Forma de Prece, *167*

1
Palavras Necessárias

Este livro não vem endeusar o querido e abnegado médium Francisco Cândido Xavier, ou simplesmente Chico Xavier como é bastantemente conhecido.

Registra alguns lindos casos seus e que contêm, todos, emocionantes e verdadeiras lições evangélicas, que são como remédios para as nossas enfermidades resultantes do egoísmo, do orgulho e da falta de perdão, e mais: incentivos seguros para que, lendo-os e guardando-os, sejamos impelidos a realizá-los, dando de nós um exemplo vivo, junto ao Grande Amigo, de que, de fato desejamos VIVER e REALIZAR nossa reforma íntima, combater nossas paixões e nos tornar melhores, mais caritativos, mais humildes, menos maledicentes, menos vaidosos e mais cristãos.

Estamos certos de que o polígrafo de Pedro Leopoldo e Uberaba nos perdoará, dando à publicidade mais um livro registrando LINDOS CASOS seus; uns, que são poucos, contados por ele mesmo há anos, e outros que são maioria, obtidos através de amigos seus, que dele obtiveram determinadas graças das quais, estamos certos, até hoje nada se sabia a respeito.

O mundo está precisando desses exemplos. Os espíritas, particularmente, desejam esses incentivos. Os médiuns, aqui e ali, no Brasil ou fora dele, necessitam desse modo de viver no clima da oração e da vigilância, realizando amor, verdade e luz, como realiza, em silêncio, sem que ninguém saiba, o filho espiritual de Emmanuel, que lhe vem dando assistência total e de um verdadeiro pai.

Receba, pois, o caro leitor, nosso livrinho com simpatia e procure guardar e seguir seus ensinamentos. E alguns, que alcançarem nosso desiderato, possibilitarão a satisfação de ver todo nosso trabalho realizado, sentido e divulgado em estado de SURSUM CORDA: pensando em Jesus, sentindo Jesus, atendendo a Jesus!

2
Como Largar de Fumar

Certa vez, conversando com o médium à respeito do vício de fumar, trazendo à lembrança um irmão que fumava cerca de 100 cigarros por dia, recebemos o conselho para fumar menos e, se até isso fosse impossível, a ponto de adquirir depois vício pior, que continuássemos fumando... Dos males, o menor...

E o tempo passou e continuamos fumando menos e sempre sentindo que a espiritualidade não estava satisfeita conosco, com a nossa fraqueza...

Tentamos, então, largar o vício. Passávamos o dia todo sem fumar. À noite, no entanto, ao deitar, não conseguíamos dormir, e ficávamos até alta madrugada tentando, e somente depois de fumar um meio cigarro, conseguíamos pegar no sono...

Dizíamos para nós mesmos: se tomássemos um remédio que nos fizesse dormir, no dia seguinte continuaríamos tentando...

Sonhamos, certa noite, com o caro Chico Xavier. Acordamos não nos lembrando do sonho, mas algo dentro de nós nos recordava que devíamos buscar a solução de nosso desejo numa prece.

E oramos a Jesus querido, pedindo-lhe que permitisse recebêssemos, através da água fluida, o remédio desejado para largar do vício venenoso.

Após passarmos um dia inteiro sem fumar, à noite colocamos diante de nós um copo com água, a fim de que, pela graça de que, de Deus, nosso afetuoso Bezerra, tão bom e tão amigo, nô-la fluísse. Se conseguíssemos dormir, ficaríamos com a obrigação de largar o vício...

Bebemos a água, e quando acordamos, era de manhã... A água fluida trouxera-nos o remédio desejado, e fomos então obrigados, desde aí, a não fumar mais. E já se passaram cinco anos sem esse problema.

Quem, pois, desejar largar o vício de fumar, que tanto prejudica a saúde, que utilize nosso meio e seja sincero no pedir, e há de ser ajudado como o fomos, espetacular e beneficamente!

Que Jesus querido abençoe o espírito abnegado de Bezerra de Menezes, que foi em verdade o instrumento dessa caridade, e estenda Sua bênção ao humilde e estimado Chico Xavier!

3
O Sol da Caridade, o Padre Júlio Maria e Chico Xavier

Quando foi publicado nosso livro de versos espíritas O SOL DA CARIDADE, o padre Júlio Maria, de Manhumirim, que redigia o jornal O LUTADOR, criticou-o severamente. E visto que o livro fora prefaciado por Manuel Quintão, a crítica do padre se estendeu também ao culto autor de O CRISTO DE DEUS.

E tanto Manuel Quintão, como Leopoldo Machado e Carlos Imbassahy, que elogiaram nossos humildes versos, tomaram a si as nossas dores, os ataques recebidos, as censuras infelizes daquele sacerdote, e lhe deram as devidas respostas.

Quintão, em inspirados e bem-feitos alexandrinos, e Imbassahy e Leopoldo em prosas magníficas, produziram trabalhos valiosos, crônicas e versos revelando legítimas jóias literárias.

E o padre Júlio Maria silenciou...

Os trabalhos inéditos daqueles três amigos, que nos defenderam de maneira tão espontânea quanto inspirada, foram publicados em nosso jornal O NOSSO GUIA, quando editado em TRÊS RIOS, no Rio de Janeiro, onde residíamos.

No Rio, já efetivamente morando, guardamos numa mala toda a coleção de O NOSSO GUIA, em sua 1ª fase, como jornal, e depois, em 2ª e 3ª fases, aqui como revista.

E mais tarde, desejando mostrar nossa coleção ao caro confrade Emiliano Mendonça, que foi na sua 3ª fase seu secretário, qual não foi nossa surpresa: ao abrirmos a mala, encontramos somente pó. As traças haviam comido quase toda a coleção do nosso estimado mensário espírita...

Certamente as traças serviram de instrumento à espiritualidade, que não aprova polêmicas, nada que fira, que desuna, que inimize, quando vivemos a realidade maior da vida que é realizar amor, que é moeda corrente e câmbio efetivo no clima da vida verdadeira.

E veio-nos à lembrança as críticas que sofreram Chico Xavier e seu abnegado guia Emmnuel daquele sacerdote polemista, de Manhumirim, o padre Júlio Maria.

4
Benfeitor Júlio Maria

Conforme contáramos em nosso livro LINDOS CASOS DE CHICO XAVIER, o padre Júlio Maria, quando em vida, não deixava o Chico e seu guia em paz. Criticava-os tenaz e injustamente. Os trabalhos do autor de AVE, CRISTO! eram esmerilhados, obscurecidos, adulterados.

Em 1945, inopinadamente, desencarna o padre Júlio Maria e Emmanuel aparecem ao Chico e lhe diz:

— Hoje, vamos fazer uma prece em conjunto e toda particular pelo nosso grande benfeitor Júlio Maria, que acaba de desencarnar em Manhumirim.

— Não sabia! Mas benfeitor, por quê? — indaga-lhe o médium.

— Sim, benfeitor. Pois durante treze anos seguidos ajudou-nos a compreender o valor do trabalho a bem de nossa melhoria espiritual, obrigando-nos a viver em permanente oração e vigilância, por meio do exercício sublimativo de ouvir, sentir e não revidar, lecionando em silêncio, o adversário. Quem virá, agora, substituí-lo? Substituir quem nos adversou, limou e nos possibilitou determinada melhoria espiritual e diálogo efetivo com o Grande Incompreendido, que é Jesus?

Chico Xavier calou-se e com seu silêncio, sem nada revidar, trabalhou o espírito de seu crítico e adversário. E assim, também nós, com o desaparecimento da 1ª fase de nosso jornal, compreendemos que fora justo, providencial, aquele *desaparecimento...*

5
Cezar, o Ascensorista, e Lindos Casos de Chico Xavier

Certa ocasião, fazendo parte integrante de uma grande fila de ônibus, observamos que todos ali, aguardando a conclusão, tinham a fisionomia revelando aborrecimentos, apreensões, algo doloroso dentro de si...

E concluímos: poucos vivem no clima da ALEGRIA, que é remédio de Deus!

São poucos os que vivem equilibrados, projetando o pensamento em coisas boas e desejando realizar o bem, ser útil, embelezar o dia com ações meritórias!

O mundo está precisando de amor, de criaturas bem-humoradas, cheias de fé, no discipulado de servir, que concorram para mudar a paisagem dolorosa, cheia de pessimismo, que ora vivemos...

Nos elevadores da E.F.C.B., principalmente os que vão do 1º ao 18º andares, servia um ascensorista de nome Cezar, que no ano de 1972 desencarnou, repentinamente, deixando saudades eternas entre seus irmãos de lutas terrenas.

Deixou saudades e comentários elogiosos ao seu belo e evangelizado espírito, porque sua especialidade era viver permanentemente bem-humorado, contando para os presentes no elevador lindos e apropriados casos revelando lições de otimismo, de fé e de amor. Os LINDOS CASOS DE CHICO XAVIER constantes de nosso livro, que lhe ofertamos com sincera dedicatória, eram contados com respeito e emoção e sempre agradavam e produziam benefícios.

E os que entravam ali, operários, engenheiros, médicos, advogados, professores, funcionários de todas as categorias, ouviam com atenção os casos lindos que Cezar lhes contava. E ele recebia por isso abraços e louvores, e uma estima sincera de todos.

E as fisionomias se abriam com um sorriso, se desanuviavam, e muitas vezes se medicavam e se curavam...

TRISTEZAS NÃO PAGAM DÍVIDAS! É PRECISO SORRIR; LOUVAR O NOME DE DEUS, ACHAR A VIDA UM PRÊMIO, BENDIZÊ-LA, AGRADECÊ-LA AO PAI E CRIADOR, QUE NÃO ABANDONA NENHUM FILHO. A VIDA É BOA, NÓS É QUE A FAZEMOS MÁ COM OS NOSSOS PENSAMENTOS E SENTIMENTOS EGOÍSTICOS, DOENTIOS...

E o ambiente no elevador se modificava, todos sorriam e acabavam, na saída, trocando o tratamento evangélico-cristão: VÁ COM DEUS, FIQUE COM DEUS!

E todas as vezes que podia, sem ferir ninguém e com muita humildade, perguntava aos que traziam a fisionomia AMARRADA, vestida de desânimo, de mau humor, de revolta:

— Meu amigo, fizeste ao levantar tua oração ao Senhor? Pediste ao Pai para realizares, hoje, uma ação generosa para tornar teu dia vitorioso?

Ou então, sentindo, em alguém, rancor, algo revelando amargor na alma:

— Já perdoaste alguém para seres também perdoado? Já visitaste um enfermo, num domingo de descanso, andando assim a segunda milha? Compreendamos, irmãos, que a verdadeira religião é a caridade, sem a qual ninguém se salva, porque Deus é amor, Jesus é amor, e nós precisamos ser partículas desse amor para bem vivermos e sermos abençoados e bem-sucedidos!

Esse querido irmão, proporcionador de BOM ÂNIMO e ambiente feliz, porque cristão, partiu para a espiritualidade não deixando em seu lugar nenhum substituto! E uma saudade imensa, efetiva, continua vivendo dentro dos elevadores de E.F.C.B., que vão do 1º ao 18º andares!

Que o Divino Amigo, querido irmão Cezar, te pague em bênçãos de luz os benefícios que espalhaste durante tua estadia aqui, numa existência de pouco mais de quarenta anos! Que os caros leitores que nos lêem se inspirem em teus atos e realizem teus intentos cristãos!

6

Chico Xavier e Nossa Campanha de Alfabetização

De 1947 a 1957, em serviço de nossa Campanha de Alfabetização da E.F.C.B., da qual éramos o supervisor, visitamos efetivamente Chico Xavier, visto que nossas viagens foram todas junto às estações daquela estrada, onde tínhamos funcionando os cursos, em Minas Gerais, nas imediações de Pedro Leopoldo.

Foi assim que, por meio dessas visitas, ouvimos e guardamos a maior parte dos lindos casos que o médium nos contou e que ficariam perdidos se não os tivéssemos guardado e, logo em seguida, tê-los transcrito e finalmente constituído um livro.

Nossa campanha ficou por isso abençoada e produziu ótimos frutos. Naquele clima do Chico, sentindo-lhe os exemplos, comparecíamos às aulas dos cursos e éramos sempre bem-sucedidos. Os professores voluntários, desejando colaborar com os desejos dos diretores da nossa principal via férrea, ofereciam-nos seus serviços e conseguimos colocar em funcionamento, dentro de Minas, cerca de 300 cursos.

E no final da campanha, que terminou em 1957 com a nossa aposentadoria, conseguimos alfabetizar e evangelizar cerca de 15 mil adultos ferroviários.

E o querido polígrafo de Pedro Leopoldo, sentindo a *vitória da luz* naquele movimento patriota e cristão, assim se manifestou:

"Meu caro Ramiro Gama, rogo a Deus lhe multiplique as forças em sua gloriosa campanha de alfabetização de adultos, que é verdadeiramente uma vitória da luz.

Pedro Leopoldo, 1º de março de 1956.

Francisco Cândido Xavier."

7
O Cristo e a Adúltera

O conhecido e apreciado escultor Rodolfo Bernadeli, que foi mestre de Benevenuto Berna, com quem convivemos e do qual recebemos como presente de casamento seu trabalho escultural em alto relevo em bronze, PERDOAI, SENHOR, criou o CRISTO E A ADÚLTERA, trabalho escultural de rara beleza e inspiração, no qual, no dizer de Manuel Quintão, prefaciando nosso O SOL DA CARIDADE, "NINGUÉM DIRÁ QUE OLHOS E ATITUDES DE UM E OUTRA SEJAM BRANCOS E FRIOS DE MÁRMORE..."

O escultor Benevenuto Berna que, como Rodolfo Bernadeli, deu ao Brasil vários e valiosíssimos trabalhos esculturais, enriquecendo os nossos cemitérios e os nossos museus de arte, perguntado sobre a razão de ser daquele ótimo trabalho de Bernadeli, explicou-nos: — Bernadeli, conforme conversava comigo, alegava que na zona onde morava, observou que havia, em determinadas mulheres, uma onda efetiva de maledicência com relação ao adultério... E desejou dar-lhes uma mensagem, inspirando-se na lição do Divino Mestre, quando disse: QUEM SE JULGAR SEM PECADO QUE JOGUE A PRIMEIRA PEDRA... E os braços daqueles velhos censores foram arriando-se e jogando fora as pedras com as quais queriam lapidar a mulher adúltera. E o trabalho do grande escultor prelecionou aquelas consciências criticadoras, maledicentes... concorrendo para diminuí-las... E até hoje, a estátua notável, logo na entrada da Escola de Belas Artes fala, leciona, evangeliza e consegue levar aos corações dos que a olham um quê de piedade pelas faltas humanas, como que a dizer-lhes: *quem se julgar sem pecado que jogue a primeira pedra...*

8
De Uma Vez

De uma vez, visitando Chico Xavier, tivemos a felicidade de ser recebidos em seu quarto, e nele, logo de entrada, deparamos com um lindo quadro de um artista desconhecido reproduzindo O CRISTO E A ADÚLTERA da lição evangélica. Ficamos maravilhados com aquele trabalho, lembrando-nos da estátua imortal de Rodolfo Bernadeli, e dando ao querido médium nossa impressão, recebemos como resposta outra lição: que aquele quadro lhe fora dado muito inspiradamente para em silêncio combater os vícios da crítica, da maledicência, dos que não policiam a língua e, por isso, vivem em permanente falência espiritual.

À noite, no CENTRO ESPÍRITA LUIZ GONZAGA, como lição veio justamente para nosso estudo e meditação o Capítulo X – BEM-AVENTURADOS OS QUE SÃO MISERICORDIOSOS, o conselho de Jesus: — NÃO JULGUEIS PARA NÃO SERDES JULGADOS, ATIRE A PRIMEIRA PEDRA AQUELE QUE ESTIVER SEM PECADO...

Vivemos então uma noite de rara emoção, guardando o conselho do grande amigo, que deseja que ganhemos os nossos dias, zelando pelo que *sai* de nossos lábios e está enfeiando os nossos pensamentos e os nossos corações...

E a graça recebida vem nos provar que, sem que o saibamos, nossos guias e nossos amigos, que são os nossos avalistas ou as nossas testemunhas, que ficaram na espiritualidade respondendo pela nossa vitória ou pela nossa derrota, se preocupam conosco constantemente, particularmente, evangelicamente!

No CULTO DO EVANGELHO EM NOSSO LAR, por várias vezes temos recebido lições iguais, principalmente quando nele comparecem irmãos que se descuidam da língua e vivem no clima da maledicência, esquecidos de perdoar as faltas alheias, para que também sejamos perdoados pelos nossos erros, às vezes bem mais graves...

Casimiro Cunha, Chico Xavier e Manuel Quintão

Casimiro Cunha tornou-se na espiritualidade o poeta do evangelho, juntamente com seu colega Adolfo do Amaral Ornelas. Através da mediunidade gloriosa de Francisco Cândido Xavier, ambos têm nos enviado ótimos e evangelizados versos.

As quadras de Casimiro Cunha, então inéditas, contêm lições inimitáveis e atualizadas, como aconteceu com seu livro CARTILHA DA NATUREZA. E Ornelas se fez conhecido e estimado também por seus gloriosos alexandrinos KARDEC NO SÉCULO VINTE ou RENASCENÇA DO EVANGELHO.

Manuel Quintão, certa vez, tivera conosco uma longa conversa sobre o poeta de SINGELOS e AVES IMPLUMES, dizendo-nos que convivera com ele, intimamente, em Vassouras, e sua amizade lhe foi muito proveitosa. E quando visitou Chico Xavier pela primeira vez, Casimiro lhe deu uma presença tão proveitosa e inesperada, que o emocionou sobremodo. Nessa primeira visita ao querido médium, sem que esperasse o poeta vassourense dedicou-lhe sentidas quadras, recordando-lhe casos familiares apenas guardados por ambos, obtendo as notas abaixo do querido autor de O CRISTO DE DEUS:

"Esta poesia singela e por assim dizer intimamente pessoal, foi recebida em circunstâncias imprevistas, e tinha episódios de mais de trinta anos, que o médium não podia conhecer, atento mesmo à sua banalidade. SINGELOS e AVES IMPLUMES são títulos de dois volumes de versos publicados no começo do século; Carlota é o nome da esposa do poeta cego, também cega de uma vista, por acidente, depois de casada!

Mais abaixo transcrevemos a poesia recebida por Manuel Quintão, revelando a cultura e o estilo de Casimiro Cunha.

10
O Poeta do Evangelho

O nome desse poeta do evangelho nos é sobremodo simpático e querido, pois também na primeira vez que visitamos o médium em Pedro Leopoldo, logo de início e sob nossa surpresa, recebemos suas abençoadas quadras, que constaram de nosso livro LINDOS CASOS DE CHICO XAVIER. Em 23 de julho de 1960 ainda em Pedro Leopoldo, no Centro Espírita LUIZ GONZAGA, Casimiro, sem que esperássemos, nos obsequiou assim, com vista à nossa campanha de alfabetização:

AO MEU CARO RAMIRO GAMA

Meu caro Ramiro Gama:
a senda da provação
é sempre escada bendita
rumo da perfeição.

Ampara, educa, prossegue...
semeia bondade e luz,
trabalho com paciência
é pão de amor de Jesus.

Estas quadras constaram de nosso livrinho REALIDADES E BENEFÍCIOS DO PACTO ÁUREO.

AO MEU CARO QUINTÃO

Quintão, eu sei da saudade
que te aperta o coração,
dos nossos dias passados
que tão distantes se vão.

Vassouras!... belas paisagens
cheias de vida e de cor,
um céu azul e estrelado
cobrindo uns ninhos de amor.

Árvores fartas e verdes
pela alfombra dos caminhos,
a ermida branca e suave
de ternos, doces carinhos.

O nosso amigo Moreira
e a sua barbearia,
onde uma vez me encontraste
na minha noite sombria.

Detalhes cariciosos
da vida singela e calma,
vida de encantos divinos
que eu via com os olhos d'alma.

Meus pobres versos "SINGELOS",
"AVES IMPLUMES" da dor,
que traduziam no mundo
o meu pungente amargor.

A minha pobre Carlota,
a companheira querida,
o raio de claridade
da noite da minha vida.

    Os artigos de Bezerra
    de outros tempos, no PAIZ,
    o mestre da Velha Guarda,
    unida, forte e feliz.

A tua doce amizade
à luz do Consolador,
teu coração generoso
de amigo, irmão e mentor.

    Ah! Quintão, hoje, os meus olhos
    embebedam-se de luz,
    pelas estradas sublimes
    da santa paz de Jesus!

Mas não sei onde a saudade
é mais forte nos seus véus,
se pelas sombras da terra,
se pelas luzes dos Céus!

11
Hermes Fontes, "Quando Menino Eu Era?" e Chico Xavier

Quando trabalhávamos no Departamento de Ensino e Seleção da E.F.C.B., respondendo como supervisor, pelos Cursos de Alfabetização e outros de emergência, supletivos e de recuperação junto aos escritórios, conhecemos e convivemos, se bem que de longe e sem intimidades, com os poetas Luiz Carlos, o aedo admirável de COLUNAS, Pereira da Silva, o triste e talentoso vate de PÓ DAS SANDÁLIAS, Hermes Fontes, o torturado autor de FONTE DA MATA e Agripino Grieco, crítico temido e autor admirado de COPO DE CRISTAL, soneto que o celebrizou.

De todos já na espiritualidade, lembramo-nos de Hermes Fontes, que, aos seus íntimos dizia: — Pedi a Deus para vir aqui: feio, magro, pobre, baixo e poeta para falir menos...

O admirado poeta de DESLUMBRAMENTO, abrindo nosso livro de versos ESTUÁRIO, que lhe dedicamos, topou com o nosso alexandrino QUANDO MENINO EU ERA e nos elogiou, comentando com seus íntimos que ali estava um soneto valendo pelo livro todo. Ficamos deveras satisfeito com o valioso elogio, e sempre votamos ao poeta uma admiração profunda e sincera. Depois soubemos, fora escolhido para ser o secretário particular do Ministro Konder, da Viação, e deixou de ser pobre, viu-se rodeado de prestígio, caiu nas armadilhas do dinheiro e da glória, das tentações e das ilusões da carne... e perdeu-se, prejudicando sua reencarnação...

E depois, pela mediunidade de Chico Xavier, veio dizer-nos num inspirado e dorido soneto, cujo último terceto assim termina:

E eis que aparecem os arrasamentos,
e o pobre desgraçado e desditoso,
perdeu tudo no instante da colheita.

12
A Celebridade

A celebridade, o prestígio e o poder venceram a sua feiúra, sua gagueira e a sua magreza... Mas, agora, de mais alto, já refeito, volta mais vivo do que nunca para dizer-nos em POEMA DA AMARGURA E DA ESPERANÇA, constante de PARNASO DE ALÉM-TÚMULO, psicografado por Chico Xavier e que assim termina:

Misericordiosíssimo Senhor!
De tortura em tortura amargurado,
o meu frágil espírito inferior
viu-se presa de trevas, no passado,
e a desgraça suprema o amortalhou.

Tudo sofri, de dor e de miséria,
mas a tua bondade me levou
a esquecer a influência deletéria
da carne passageira...
Rompeste a minha venda de cegueira
e divisei o excelso panorama
do universo infinito, que Te aclama,
como a fonte do amor ilimitado!

Revelaste, meu Deus, o meu pecado
e pude ouvir as harmonias puras
que equilibram os mundos nas alturas!...

Cheio de amaridúlcida ansiedade,
a esperança o espírito me invade
aguardando das lágrimas futuras
a minha redenção...

Que a confiança, pois, em Ti me anime,
que no porvir a dor bela e sublime
jorre em minha alma a luz da perfeição.

Que o Divino Mestre, querido Hermes Fontes, te abençoe e te dê inspiração, luz e força para continuares aí e, depois aqui de novo, a tua definitiva redenção com Ele e por Ele, o poeta dos poetas, o artista dos artistas, que é Jesus, junto a Deus!

13
Quando Menino Eu Era

Quando, uma vez, menino eu era e não sofria,
pedi, cheio de fé, ao Deus deste Universo:
para ver a verdade e tê-la como guia,
e ter inspirações para fazer meu verso.

Depois, pouco sofrendo e abraçado à poesia,
pedi mais: para, em mar de dor, profundo, imerso,
viver cantando e ser, e mística ufania,
do alheio sofrimento o refletor mais terso...

E Deus, que tudo sabe e que é bom, deu-me o pranto,
e deu-me a dor e deu-me a inspiração pedida,
e deu-me a luz dos bons e fez-me um miserando...

E desde então eu sofro, e desde então eu canto,
interpretando a dor, o amor, tudo na vida,
e desde então eu sofro e sou feliz cantando!

14
Visitando o Túmulo de Augusto dos Anjos

A caminho da cidade de Porciúncula, no Estado de Minas, que realizava sua SEMANA ESPÍRITA, supervisionada pelo querido confrade Norberto Boechat e na qual deveríamos falar sobre OS BENEFÍCIOS DO CULTO DO EVANGELHO NO LAR, paramos em Leopoldina, outra belíssima cidade mineira e que abriga os ossos do grande poeta paraibano do norte, Augusto dos Anjos, erudito autor do grande livro EU.

Propositadamente ali pernoitamos, para, bem cedo, pela manhã do dia seguinte, junto com a prezada esposa visitarmos o túmulo do apreciado aedo.

Logo na entrada do cemitério vimos lindos cravos enfeitando-o, e colhemos dois para os colocar, com nossa prece, junto à estátua do poeta, que lhe engrandece a humilde e linda ermida.

Diante dela, olhando-a com respeito e carinho, oramos, emocionados e agradecidos, relendo os versos do vate querido, ali gravados:

"EU SOU AQUELE QUE PASSOU SOZINHO,
CHORANDO SOBRE OS OSSOS DO CAMINHO:
A POESIA DE TUDO QUANTO É MORTO..."

De repente, ambos sentimos um pequeno calor sobre a cabeça e vimos nítida, inteiramente, o Espírito de Augusto dos Anjos, sorridente, agradecendo-nos a homenagem!

E mais: observamos que, pálida e inspiradamente, nos dizia, retificando aquele terceto na sua lápide, agora sem nenhum sentido materialista, visto que já possui mais luz, mais esclarecimento, e o Evangelho de Jesus que lhe penetrou o espírito sofrido e embelezado na dor:

— *Agora, Irmãos, em vez de chorar, canto, alegre e agradecidamente, os ensinos imortais da BOA NOVA, porque sinto que Jesus está comigo e a vida com Jesus tem amor, tem luz e tem verdades!*

Jamais esquecemos desse momento feliz, merecendo a graça de vê-lo e senti-lo como desejaríamos vê-lo e senti-lo, sem no entanto ter a capacidade de, com a mediunidade de Chico Xavier, lhe traduzir em versos sublimes o que nos dissera em prosa...

15
Esse Poeta do Eu

Esse poeta do EU, que tomamos para patrono na ACADEMIA CARIOCA DE LETRAS e da qual estamos afastados, foi o primeiro espírito que nos deu presença, quando visitamos o médium de Uberaba e Pedro Leopoldo pela primeira vez, recebendo o lindo e significativo soneto de IRMÃO PARA IRMÃO:

> No caminho que a treva encheu de horrores,
> passa a turba infeliz exausta e cega,
> e a Humanidade que se desagrega
> no apodrecido ergástulo das dores!
>
> Ouvem-se gritos escarnecedores...
> e Caim que, de novo, se renega.
> Transborda o mar de pranto onde navega
> a esperança dos seres sofredores!
>
> É neste abismo de misérias e ruínas,
> que estenderás, amigo, as mãos divinas,
> como estrelas brilhando sobre as cruzes.
>
> Vai, cirineu da luz que santifica,
> que o Senhor abençoa e multiplica
> o pão da caridade que produzes.

16
Um Lindo Caso

Ao voltarmos do cemitério, o estimado proprietário da LIVRARIA AUGUSTO DOS ANJOS contou-nos que, tempos atrás, Chico Xavier hospedou-se no hotel junto à livraria. No dia seguinte, procurou-o e lhe deu um soneto que havia recebido de autoria de Augusto dos Anjos e que pedia para não ser exumado seu corpo, que ali estava. Seu pedido era dirigido aos seus familiares. O proprietário da livraria foi ao cemitério e lá encontrou os parentes de Augusto tentando exumar seu corpo, isto é, tirar dali seus ossos e os levar para sua terra natal, na Paraíba do Norte. Inteirados do pedido do ilustre poeta, seus familiares sentiram-se tocados em seus corações e o atenderam. Esse soneto, cuja cópia recebemos, desapareceu de nossos guardados. O mesmo, todavia, deve estar registrado em algum livro e correndo o mundo, testemunhando um LINDO CASO.

Que o divino poeta, que é Jesus, te dê, Augusto dos Anjos, irmão querido, cada vez mais luz, para que possas, com teu estro valoroso, continuar cantando as verdades eternas do espiritismo consolador, a TERCEIRA EXPLOSÃO DA BONDADE DE DEUS, PAI E CRIADOR!

17
Ex-Ministro da Marinha e Chico Xavier

Quando a Assembléia Legislativa concedeu a Francisco Cândido Xavier o título de cidadão do Estado da Guanabara na presença de mais de duas mil pessoas, o médium deu notável testemunho de humildade, como verdadeiro missionário liberto de vaidades. E um fato não menos impressionante foi a presença espontânea do almirante Sílvio Heck, ex-ministro da Marinha, que fez, em síntese, as seguintes declarações à imprensa:

— Considero-me imensamente feliz, trazendo com a minha presença respeitosa admiração a Chico Xavier, que através de obra benemérita ajuda os materialmente pobres, conforta os angustiados e estimula os bons de coração ao magistério da fraternidade. Faço insistentes votos para que Chico Xavier levante preces e influa com sua poderosa corrente de energia espiritual na paz entre os brasileiros.

Essa declaração é de enorme importância no momento em que o mundo sofre influências negativas, que pretendem enegrecer o brilho que a nossa doutrina projeta nas camadas sociais. Chico Xavier, em sua expressão humilde, agitou milhões de indiferentes que passaram de um dia para outro a procurar o livro espírita.

(*Estudos Psíquicos* – Lisboa – Portugal).

18
Lição Evangélica

Uma senhora muito estimada em Pedro Leopoldo, casada com um parente do Chico, de repente fica obsedada.

O obsessor, revelando sua vingança, fazia-a correr, com os cabelos desgrenhados, com a roupa em desalinho pelas ruas da cidade, sob a piedade de seus habitantes.

O estimado médium foi procurado pelo marido da obsedada que, com lágrimas nos olhos e aflito, lhe pediu ajuda.

Chico bem que sentira aquela tragédia. Mas, que fazer? Já havia pedido aos amigos da espiritualidade um remédio e nada lhe viera como resposta. No entanto, diante do pedido do irmão, ficara apreensivo e dormira pensando no caso doloroso. Em sonho, Emmanuel lhe aparece e lhe diz:

— Confiemos e esperemos em Jesus. A vingança manifestada agora cobra uma dívida do passado, de outras vidas. O obsessor e a obsedada ajustam as contas.

Iria trabalhar, todavia, a favor de ambos, e muito especialmente para que fosse permitido recebesse a vítima o algoz como filho...

Passaram-se meses. E, numa tarde, Emmanuel apareceu para dizer ao seu tutelado espiritual que seu trabalho dera bom resultado. A misericórdia divina permitira que a obsedada fosse mãe do obsessor. E de fato, tempos mais tarde, a irmã obsedada torna-se mãe de uma criança toda aleijada, de um verdadeiro ser monstruoso, com as pernas tortas, mirradas, a cabeça disforme. Viveu uns meses mais tranqüila. Neste ínterim, o marido desencarna e ela fica viúva e só, com seu filho e obsessor. Repetem-se então as perseguições e se efetivam de tal maneira que Chico, a conselho de seus mentores espirituais, a interna, com muito pesar e sofrimento, no manicômio de Belo Horizonte e sob o número 300.

O médium volta depois disso magoado, revoltado, inconsolável. No quarto de sua humilde casinha, num solilóquio comprometedor, desabafa:

— Não está certo. Eu que tenho recebido tantos espíritos de luz, proporcionando, com eles, aos meus confrades, tantos benefícios, não consigo auxílio para curar minha parenta. Então meus amigos do espaço não poderiam doutrinar o obsessor e vencê-lo com seus argumentos evangélicos?

E Emmanuel, aparentando velada tristeza na fisionomia, aparece-lhe e diz:

— O Pretório está aberto. A vítima, que é sua parenta, e o algoz que é seu irmão desconhecido, estão sendo julgados. Você auxiliar-nos-á no que pode, na guarda e organização do processo. Eu procuro advogar-lhes a causa, orando a Jesus. Deus é o nosso Juiz. Vamos fechar o processo e pará-lo?

— Não...

— Então, por que essa mágoa, esse desespero, esse choro injusto?

— Injusto? Ela é minha parente, minha irmã...

— Mas, então, você chora por ela, porque é sua irmã! E as outras 299 que você deixou lá no manicômio não são também suas irmãs, filhas também de Deus? Olhe, no dia em que você derramar lágrimas como as que derramou e comiserar-se da dor de seu próximo, das 299 irmãs que sofrem, que cumprem provas remissivas, tal e qual o faz pela sua parenta, então começará, um pouco, a conjugar o verbo AMAR em todos os seus tempos e traduzir o apelo do grande amor, quando pedia-nos que amassem uns aos outros ASSIM como Ele nos amou e nos ama!

O Chico calou-se vencido, convencido, envergonhado. A lição evangélica que seu caridoso guia lhe dera encheu-lhe a alma, educou-lhe o pensamento, fazendo-o compreender o que até ali não compreendera. E, assim, domingo seguinte, foi visitar a parenta, levando consigo flores, mensagens, biscoitos, frutas, livros, que obtivera de vários confrades e amigos. Lá no manicômio, visitou todas as irmãs abrigadas, sentindo todas como criaturas de Deus. Distribuiu-lhes o que levara e depois afagou-as e orou junto com elas. Deixou-as, inclusive sua parenta, consoladas, surpresas e agradecidas.

Quando regressou a Pedro Leopoldo, sentiu-se outro. E, dias depois sua parenta foi dada como curada, teve alta e voltou ao lar. Viveu alguns anos em paz. O filho aleijado, com 8 anos de idade, parecia um pequeno monstro. Inspirava pavor aos que o viam. Somente se deixava carregar pelo humilde médium, a quem votava simpatia singular. Assustava, comovia. Nós o vimos, de uma feita, em 1947, quando pela primeira vez visitamos o Chico. Quando completou 9 anos, aparentando ter um apenas, o aleijadinho adoeceu gravemente, vítima de pneumonia dupla, e o médium recebeu o aviso de seu próximo desencarne. E assim, na noite aprazada, o Chico vê chegarem no quarto os espíritos de Emmanuel e do pai do menino. Procedem ao desligamento dos fios que lhe prendiam o espírito do corpo disforme e, sob surpresa dos seus familiares, desencarna. E daquele corpo feio, aleijado, sai um espírito simpático, sem aleijão, aparentando ter uns 30 anos, sorridente, como se tivesse ganho uma grande batalha do seu angustioso pretérito. E Emmanuel considera:

— Agora, vai para o espaço e freqüentará uma escola durante cinqüenta anos para aprender a SERVIR e a RESSARCIR seus males. Enquanto esteve enclausurado na carne, seu espírito aprendeu muito e seus algozes, vendo-o daquela maneira e ouvindo nossas preces e os comentários das lições evangélicas no LUIZ GONZAGA, também aprenderam a ter piedade e a perdoar... Sabem vocês quem fora ele? Foi, no passado, um famigerado inquisidor, na França, onde mandou ao martírio infinidades de irmãos. Chamava-se Foguet Toqueville...

Pareceu ouvirmos na espiritualidade, logo após o querido médium nos ter contado o presente e comovedor caso, os ecos de uma festividade e vozes declamando os versos imortais que Quinto Varro compôs, constantes do maravilhoso livro AVE, CRISTO!, de autoria de Emmanuel:

Companheiro,
Companheiro!
Na senda que te conduz,
Que o céu te conceda a vida
As bênçãos da Eterna Luz!...

Companheiro,
Companheiro!
Recebe por saudação

Nossas flores de alegria
No vaso do coração!

Nossa querida irmã, parenta do Chico, depois do desencarne do seu filho aleijado, viveu até 1956 bastante feliz, e colaborou nas tarefas das sessões beneficiais e públicas do LUIZ GONZAGA, com assiduidade e abnegação. Depois, de repente ficou novamente obsedada. Outro inimigo do passado, de maneira menos dolorosa, lhe trabalha o espírito. Sofre resignadamente e sem escândalo, a sós, em silêncio, sua prova crucial e remissiva, recebendo o auxílio indispensável dos seus irmãos encarnados e desencarnados do LUIZ GONZAGA, e confiante na misericórdia do Senhor, nosso Deus, Pai e Criador!

19
Chico Ganhou Um Bolo

De uma das belas conferências do querido irmão Newton Boechat, guardamos mais ou menos um lindo caso de Chico Xavier, e agora procuramos sintetizá-lo:

Em determinada rua de São Paulo residia uma senhora viúva, que desejava conhecer pessoalmente o querido médium de Uberaba.

De uma feita, soube que moradores da casa vizinha iam, em caravana, à cidade de Uberaba para assistir a uma sessão do Chico Xavier.

Então pediu à dirigente da caravana para, em outra ocasião, lhe ser permitido tomar parte e levar um presente para o Chico, a quem de longe, mesmo sem conhecê-lo, muito estimava.

Foi-lhe concedido o pedido.

E meses depois, nossa irmã, que chamaremos de Da. Deolinda, tomou parte na caravana em visita ao humilde e estimado médium. Levou-lhe de presente um bem-feito e lindo bolo, feito com muito amor e muita alegria.

Lá chegando, entregou o bolo ao Chico, na parte final da sessão. Chico ficou contentíssimo e, ao parti-lo, pensou um pouco e disse:

— Irmã Deolinda, perto de nós está o espírito de uma simpática velhinha que diz que foi sua avó e foi quem lhe deu a receita deste bolo...

Dona Deolinda chorou de satisfação e emoção, dizendo ser aquilo uma verdade...

Continuou Chico, dizendo ainda que tempos atrás evitou que um dos seus filhos menores morresse queimado...

— A senhora estava orando numa igreja, perto da sua casa, e o Espírito da sua avó chegou e avisou que havia uma vela acesa perto do berço do seu filho menor e o vento alcançou o véu do mesmo, que estava se incendiando e em vias de queimar o menino...

Da. Deolinda correu. Chegou ainda a tempo, em sua casa, de apagar o véu que, incendiado, já envolvia o berço e o menino...

Dona Deolinda não se conteve, derramando lágrimas de emoção. Foi ao encontro de Chico e o abraçou, agradecida pela graça recebida, e que era um pagamento sincero, humilde, valioso para ela, por retratar uma dádiva inesperada e autenticar o espírito de sua avó!

20
Vampirismo

Também pertence aos guardados do professor Newton Boechat e constante de nosso livro, IRMÃOS DO BOM COMBATE, o caso abaixo:

"Março de 1954...

Centro Espírita Luiz Gonzaga... Segunda-feira, dezenove horas e trinta minutos...

Chico Xavier, recém-chegado, recebia pequeno grupo de confrades de fora e uma porção de abraços.

Poucos antes da sessão começar naquela noite, ela entrou.

Corpo magro, sorriso sarcástico, afetação nos gestos, olhos revirados nas órbitas, andar agitado, trajes berrantes, excesso de pintura...

Dava-nos a idéia nítida de estar fortemente obsediada.

De um dos braços pendia a bolsa vermelha, já gasta, semi-aberta, abarrotada de papéis e de receitas assinadas por respeitáveis médicos da capital mineira.

Olga, como a chamaremos, de vez em quando, falando desconexamente, dava tapas violentos em seus próprios ombros magros, tudo isso mesclado com citações incongruentes, ditas para piedade geral.

Chico Xavier aproximou-se da pobre moça. Consolou-a. Citou-lhe frases curtas de estímulo espiritual, mas ela longe de perceber e muito menos sentir, falava continuamente e apanhava uma daquelas receitas comentadas, acompanhadas sempre e sempre de fortes palmadas nos ombros...

— Você pensa que eu falo com ela? — perguntou-me o médium.

— ?...

— Não, não. Estou conversando diretamente com a entidade espiritual que a influencia. É sua avó, desprendida do corpo físico há sete anos; não preparada para a vida no "outro lado", presa ainda de acentuados desequilíbrios que alimentou, apoderou-se da neta por afinidade; a rigor, "COME-LHE O CALOR"...[1]

Olga, escrava de seus caprichos, é-lhe perfeita médium, devido à trajetória idêntica que vem imprimindo à vida...

E concluiu:

— Vejo-a bem... (referindo-se ao ser desencarnado). Chama-se Mara J. B.[2] Vamos doutriná-la e, creio, com o processamento da reunião desta noite a neta cairá, ainda que por momentos, em seu habitual estado. É um caso categórico de obsessão, como os citados sobejamente na literatura mediúnica.

---

[1] Frase textual do médium.
[2] Substituição do nome real, para evitar dissabores e ressentimentos familiares.

O certo é que ao principiar a reunião evangélico-doutrinária, Olga aquietou-se, ouviu placidamente o comentário, desdobrado por inúmeros oradores da noite espiritual.

Acerquei-me dela lá no saguão do LUIZ GONZAGA. Conversamos naturalmente. Dissera-me estar ali pela primeira vez, na esperança de conseguir um bálsamo para o seu sofrimento.

Não conhecia o Chico. Sentia coisas estranhas e era avassalada por "força desconhecida" que A LEVAVA A FAZER O QUE NÃO PODIA... E NÃO QUERIA. Desviava-a para situações menos dignas, libidinosas. Após cessado o "assalto", a "força" se saciava, retirando-se e deixando-a aniquilada... E desencantada, sentia-se, depois de passar a crise, ela mesma, com sua lucidez...

Mas os momentos em que se sentia assim eram tão efêmeros...

De sopetão, roendo-me a curiosidade, fiz a pergunta:

— Como se CHAMA a sua avó?...

— CHAMAVA-SE... Já morreu. Era Mara J. B. (pronunciou pausadamente o nome por inteiro da entidade de além-túmulo anteriormente registrada pela mediunidade do Chico).

Fenômeno curioso... O vampirismo além da vida! Tal avó, tal neta! Uma, sustentáculo da outra, carregando o mesmo fardo, o mesmo vício mental!

Julho de 1955...

Um dia de sol... Galeria... Casa de lanches finos. Av. Afonso Pena, Belo Horizonte.

Parado à porta, eu observava interessante movimentação de automóveis ao longe, vendo até que ponto chegava a perícia de um chofer, quando...

— Vem!... Vem!...
Era a Olga! Transtornada, com as mesmas manias, e com ela, pelos sintomas, em torturada influência, a avó desencarnada!

Não me reconhecera, nem se lembrava de mim! O ser invisível anuviava-lhe mais uma vez a consciência... Queria perpetuar o domínio!...

E lá se foi outra vez, passos largos, bolsinha à tiracolo, agitada, afetada, chamando a atenção dos homens...

Parece uma dessas torturadas a longas provações...

Rebusco os meus guardados, curiosos, interessantes e este caso despertará a curiosidade do nosso ilustrado Prof. Ramiro Gama, que certamente gostaria de contá-lo em seus LINDOS CASOS DE CHICO XAVIER.

Ainda, depois daquela tarde, vi Olga "com a avozinha às costas", como diz o meu amigo José Amorim, conhecedor do caso.

"Meus guardados... quantos alfarrábios tu não ocultas?..."

21
Mistérios Ocultos aos Doutos

No sábado, 27 de outubro de 1973, cultuamos O EVANGELHO SEGUNDO O ESPIRITISMO no lar de um general e confrade que muito estimamos. Sua digna esposa achava-se convalescendo de grave acidente e desejava nossa presença e de outros irmãos e amigos ao culto. Estavam nele presentes, além do General João Mena Barreto e sua prendada companheira Dona Jupira, o General Sandoval Cavalcanti e sua prezada esposa Dona Lídia, o Professor Eduardo Karl e sua cara esposa Dona Ilma, além de nossa pessoa e da nossa alma gêmea Dona Zezé Gama.

Antes, como preparo do ambiente, falamos de coisas lindas, música clássica, a volta à natureza como finalidade do adiantamento do homem, para sentir mais de perto a presença de Deus através de seus inúmeros atributos. E nos veio à mente o nome de Chico Xavier, como um exemplo sem igual de médium seguro, humilde e beneficial. E seus lindos casos foram contados. Cada irmão presente tinha um lindo caso seu, ressaltando sempre muitas graças recebidas. E a virtude da humildade veio como assunto efetivo e de predileção:

para que ficasse triunfante a verdade cristã, tão bem expressa no LIVRO DA VIDA, que Nosso Senhor Jesus Cristo escreveu com exemplos, que o Pai e Criador esconde suas verdades dos sábios orgulhosos e as dá aos POBRES DE ESPÍRITO e LIMPOS DE CORAÇÃO...

Fomos para a mesa. Lemos uma página de Emmanuel, A RESPOSTA DO ALTO, e a Irmã Zezé leu uma página, MEDITAÇÃO, que nos foi enviada pelo abnegado irmão João Borges de Souza, da Paraíba do Norte, que, colaborando com a *RESPOSTA DO ALTO,* vai a seguir registrada.

22
Resposta do Alto

Quando nas horas de íntimo desgosto, o desalento te invadir a alma e as lágrimas te aflorarem aos olhos, busca-ME: "Eu sou Aquele que sabe sufocar-te o pranto e estancar-te as lágrimas."

Quando se te extinguir o ânimo para arrastares as vicissitudes da vida e te achares na iminência de desfalecer, chama-ME: "Eu sou a FORÇA capaz de remover-te as pedras do caminho e sobrepor-te às adversidades do mundo!"

Quando te faltar a calma, nos momentos de maior aflição e te considerares incapaz de conservar a serenidade de espírito, invoca-ME: "Eu sou a PACIÊNCIA que te faz vencer os transes mais dolorosos e triunfar nas situações mais difíceis!"

Quando o mundo te iludir com suas promessas falsas e perceberes que ninguém pode inspirar-te confiança, vem a MIM: "Eu sou a SINCERIDADE, que sabe corresponder à fraqueza de tuas atitudes e excelsitudes de teus ideais!"

Quando um a um fenecerem os ideais mais belos e te sentires no auge do desespero, apela para MIM: "Eu sou a ESPERANÇA, que te robustece a fé e te acalenta os sonhos!"

Quando duvidares de tudo, até de tuas próprias convicções e o ceticismo te avassalar a alma, recorre a MIM: "Eu sou a CRENÇA que te inunda de luz e entendimento e te habilita para a conquista da felicidade!"

Quando te julgares incompreendido dos que te circundam e vires que em torno há indiferença, acerca-te de MIM: "Eu sou a LUZ, sob cujos raios se aclaram a pureza de tuas intenções e a nobreza de teus sentimentos!"

Quando, inclemente, te açoitarem os vendavais da sorte e já não souberes onde reclinar a cabeça, corre para junto de MIM: "Eu sou o REFÚGIO em cujo seio encontrarás a guarida para teu corpo e a tranqüilidade para teu espírito!"

Quando te debateres no paroxismo da dor e tiveres a alma ulcerada pelos abrolhos, grita por MIM: "Eu sou o BÁLSAMO que cicatriza as chagas e te minora os padecimentos!"

Quando a tristeza e a melancolia te povoarem o coração e todos te causarem aborrecimentos, chama por MIM: "Eu sou a ALEGRIA que insufla um alento novo e te faz conhecer os encantos do teu mundo interior!"

Quando a impiedade recusar-se a revelar-te as faltas e experimentares a dureza do coração humano, procura-ME: "Eu sou o PERDÃO, que te levanta o ânimo e prova a reabilitação de teu espírito!"

Quando já não provares a sublimidade de uma aflição eterna e sincera e te desiludires do sentimento do teu semelhante, aproxima-te de MIM: "Eu sou a RENÚNCIA, que te ensina a olvidar a ingratidão dos homens e esquecer a incompreensão do mundo!"

E quando enfim quiseres saber quem sou, pergunta ao riacho que murmura e ao pássaro que canta, à flor que desabrocha e à estrela que cintila, ao moço que espera e ao velho que recorda. "Chamo-ME AMOR, o remédio para todos os males que te atormentam o espírito! EU SOU JESUS!"

Com essa mensagem, os nossos corações encheram-se de emoção e foi na música do pranto que fizemos a prece de abertura do culto. E, num ambiente de LUZ ACIMA, o livro de nossa REDENÇÃO foi dado à Irmã Jupira para o abrir, por sorte. E a lição da noite feliz veio do Capítulo VII. Os POBRES DE ESPÍRITO, sob o nome: OS MISTÉRIOS OCULTOS AOS DOUTOS como uma homenagem ao querido médium Francisco Cândido Xavier, de quem contamos lindos casos, sentindo a presença da virtude da humildade.

Não era preciso mais nada para sentirmos que estávamos sob a égide de espíritos humildes, limpos de coração, nas pessoas de Bezerra, Sheila, Amaral Ornelas, Casimiro Cunha e outros, que deram suas comunicações pelos médiuns presentes, enchendo-nos de lágrimas doces, de uma alegria sem par, diferente. Todos sentimos perfume pelo ar e a presença de uma assembléia homogênea, amiga, revelando-nos familiares queridos, todos contagiados da grande virtude cristã, vitoriosa na HUMILDADE.

A Irmã Ilma recebeu por incorporação o Espírito de Sheila, que, em nome do espírito de José Vicente Gama, recém-desencarnado, ofereceu uma linda rosa espiritual à sua mãe, Dona Zezé, que, naquela data, com seu marido Ramiro, contavam 45 anos de casados!

Mensagens outras vieram dirigidas aos Irmãos aí reunidos.

E o prezado irmão Sandoval, em nome de todos, fez a prece de encerramento, agradecendo ao Pai e Criador que, por amor de Seu Filho Jesus, nos dava, ali, uma grande noite, um momento de grande elevação espiritual, um clima de LUZ ACIMA, em que ouvíamos: VIVA DEUS, VIVA JESUS! Graças a DEUS!

23
Uma Página Diferente

O distinto casal Elza e Adão Gonçalves, que freqüenta nosso culto do evangelho, e vez por outra recebe aqui graças em quantidade, principalmente de seu querido filho desencarnado muito jovem e de nome Ivo, trouxe-nos de presente uma *Página Diferente,* para que a lêssemos como preparo de nossa prece.

Esse casal contou-nos que estava em Andradas, cidade mineira, refazendo-se das lutas constantes e sentia, não sabendo por quê, uma saudade imensa de uma palavra de Chico Xavier, de quem tem recebido muita consolação e esclarecimento para seu caso. Ao chegar numa cantina para tomar um refrigerante, como um gesto de boa hospitalidade e boas-vindas o proprietário da cantina lhe deu a página abaixo, que o prezado casal achou diferente, porque não sabia qual a crença do ofertante, mais parecendo ser de um ESPIRITUALISTA.

Como se trata de uma página diferente, que revela ensinos atualíssimos à luz da TERCEIRA REVELAÇÃO, e é de um autor anônimo, registramo-la aqui como um presente para os nossos leitores:

"Não queira tornar-se um sucesso como homem, mas procure tornar-se um homem de valor. Um homem de valor dá mais à vida do que dela recebe. Se você pretende enriquecer, lembra-se de que, antes do saldo no Banco, o que faz o homem rico é o coração. Somos ricos pelo que somos e não pelo que temos.

Ao perseguir o alvo que você busca, não se importe com as meias derrotas. Deus nos examina pelas cicatrizes e não pelos diplomas. Construa no seu coração um cemitério para enterrar os erros dos seus amigos. Guarde esta imagem: no coração de um ciclone há sempre um lugar de perfeita calma. Não se deixe abater pelas adversidades. Fuja para a tranqüilidade de sua consciência. Haverá alguns dias sem sol, mas não os haverá sem luz. Se alguém o dissecar por trás, lembre-se de que, quando levamos pontapés pelas costas, é sinal que estamos na frente. Não procure adiantar o tempo, porque assim você atrasará seu futuro.

Entretanto, será sempre verdade que a palavra sem exemplo é tiro sem bala."

24
A Lição do Bife

Primeira segunda-feira de maio de 1945.
Alguns confrades do estado do Rio visitavam o Chico. E a fim de assistirem à noite no LUIZ GONZAGA em estado de graça, como diziam, abstiveram-se durante o dia de comer carne, beber álcool, fumar, etc.

À tardinha, procuraram o Chico, na casa de sua irmã Luiza, e o encontraram jantando, tendo no seu prato um grande bife...

Entreolharam-se surpresos...

O médium, adivinhando-lhes o pensamento, explicou-lhes:

— O meu paizinho Emmanuel diz-me que ainda preciso muito de um bife, e isto por muitos e muitos anos ainda...

E foram todos depois para a sessão do LUIZ GONZAGA num estado de alegria cristã.

25

Mau Alimento e Mágoa

Uma nossa estimada confreira, conhecedora dos ensinos espíritas, visitara o Chico e assistira à sessão do LUIZ GONZAGA. No fim, a convite do prezado médium, foi à casa do irmão André para saborear, com outros confrades, o apreciado cafezinho com pão de queijo.

A irmã visitante comeu do pão de queijo, repetindo-os. No dia seguinte, encontrando-se com o Chico, *desabafou:*

— Passei uma noite horrível, por causa do queijo...

— Isto não é nada — consolou-lhe o Chico — Passará logo. O melhor é que a minha cara irmã não é vítima, como verifico, dos queijos das mágoas e dos aborrecimentos... Felizmente, sabe livrar-se desses alimentos venenosos, que muitos desastres produzem em nosso espírito.

A digna irmã sorriu. Fora tocada no seu ponto sensível, esclarecida quanto às lições de sua predileção, pois, nas suas palestras, tem focado a etiologia das doenças em face dos alimentos espirituais e materiais...

26

Primeiramente, os Necessitados

Numa manhã de sexta-feira de maio de 1945, encontramos com o Chico defronte do correio de Pedro Leopoldo.

Um grupo de moças vem ao seu encontro e uma delas pede-lhe, com insistência, um interesse preferencial para alguém de sua família. E, para melhor o convencer, diz-lhe em voz alta:

— Ele é deputado, Chico. E você deve atendê-lo em primeiro lugar, logo, na sessão do LUIZ GONZAGA...

— Minha irmã — responde-lhe Chico, humildemente — não, no caso, pelo título dele. Será atendido como os demais e dentro da sua vez e com mais pressa se tiver uma perna doente ou alguma moléstia grave...

— Está bem, Chico. Compreendi a lição. Primeiramente, os necessitados. Até logo, fica com Deus!

— Até logo, minha irmã. Vá com Deus!

27
Amigo, Sim

No final de uma das sessões do LUIZ GONZAGA, em que todos os assistentes foram atendidos com as graças além do que esperavam, com um grupo de moças e alguns rapazes, acompanhamos o Chico à casa de seu abnegado irmão André, para tomarmos o esperado e benéfico cafezinho. E todos querem, a um só tempo, dar o braço ao médium, o qual sorrindo procura contentar cada qual na sua vez. O caro irmão Dr. Américo Luz segura-lhe no braço direito e uma moça no esquerdo, exclamando:

— Homem, não...

— Mas amigo, sim — responde-lhe Chico, bondosa e humildemente. E homens e mulheres se aquietaram, compreendendo o acerto da resposta. E todos, satisfeitos, gozando da intimidade daqueles abençoados momentos junto ao querido polígrafo, caminhamos para a casa do André, a fim de saborearmos seu gostosíssimo cafezinho e um pouco de palestra edificante como remate de uma noite feliz, bem vivida, porque cheia de ensinamentos cristãos.

28
Meu Deus É Outro

C. era um milionário residente nas imediações de Belo Horizonte. Dava-se intimamente com o Chico, e todas as vezes que o via, encomendava uma mensagem, alguma coisa que lhe desse uma certeza da sobrevivência dos espíritos...

Um dia, o médium o procura e lhe entrega uma bela e significativa mensagem de um espírito muito familiar, que pedia a ele, milionário, para ser bom, para aproveitar a bênção do tempo e tornar-se melhor, pois a única bagagem que o viajor trás da terra para o além, é o bem realizado junto ao seu semelhante.

C., o homem rico mas sovina, incapaz de condoer-se da dor alheia e dar uma esmola a um necessitado, leu a mensagem e com ar de quem dizia uma grande verdade, saiu-se com esta:

— Você, Chico, está perdendo o tempo com essas mentiras... Eu não perco, porque meu Deus é outro, é o ouro...

O Chico recebeu de volta a Mensagem e saiu cheio de comiseração para com o pobre irmão, ainda tão fechado à voz do grande dispensador das graças de Deus, que é Jesus!

Tempos depois, C. desencarna e chega à espiritualidade completamente pobre de haveres espirituais e verificando que o dinheiro acumulado, que tanto endeusou, para nada lhe servia, nem para comprar uma migalha de paz, um raiozinho de luz, uma gota de água divina para lhe mitigar a sede intensa de consolação...

Que a lição nos sirva e a quantos fazem do ouro um Deus...

Em Convívio Permanente com Deus

"Com a alma aberta ao bem incansável, ao bem incondicional e ao bem infinito, porque somente o bem guarda consigo o poder de quebrar os grilhões da ignorância e das trevas, diante do amor de Deus", no dizer de Emmanuel, o Chico assim vive e recebe advertências de amigos e familiares, que se admiram por verem-no tão renunciador às coisas materiais e despreocupado com o futuro...

29

Se Esperasse

Um negociante, residente nas imediações de Belo Horizonte, em virtude de haver feito sérias transações comerciais, além de suas necessidades, pois comprara 600 cortes de casimira inglesa por CR$ 300.000,00, lutava, com dificuldades financeiras, tanto mais quanto sua dívida ficara aumentada para Cr$ 600.000,00...

Tudo quanto planejara falhou. O negócio começou a ir mal, pois não achava compradores para os cortes de casimira, tanto mais que, para agravar sua situação, o mundo estava com uma guerra terrível, que atravessou os anos de 1944 e 1945...

Por ser um homem honestíssimo, habituado a saldar suas contas com pontualidade, sofria muito...

Encontra-se com o Chico numa das ruas de Belo Horizonte, e pede-lhe um conselho. O médium, por inspiração dos espíritos que o assistem, aconselhou-o a esperar com fé e não descontrolar-se, a ponto de adoecer. Tudo iria melhorar dali uns quinze dias...

Mas o negociante, sentindo que o problema não tinha solução e se agravava, com os credores lhe batendo à porta, num momento de desespero, daí a dez dias suicidou-se...

Daí a cinco dias, justamente quando vencera os quinze que o Chico lhe anunciara, chega à casa do negociante suicida um comprador para os cortes de sua casimira inglesa. E oferece à viúva do morto Cr$ 900.000,00 pelos 600 cortes, mais do que devia o negociante.

A viúva aceitou a oferta. Com o dinheiro recebido pagou a dívida de CR$ 600.000,00 e continuou o negócio do marido que, daí em diante, prosperou mais e mais...

Que a Lição nos Sirva

Que a Lição nos sirva e para quantos irmãos, aflitos, que se desesperam por pequenas contrariedades, que não têm fé na ajuda de Deus, que sempre nos vem. Por qualquer apertura financeira ou falta moral praticada, se vêem sem saída e acabam suicidando-se, agravando, assim, suas provas... perdendo sua batalha e realizando um ato de covardia.

Se esperassem mais um pouco, se confiassem mais na misericórdia divina, se fizessem por merecer os socorros do Pai e Criador, que sempre nos ajuda, não como queremos mas como o sabe fazer e para o nosso bem, sofreriam menos e dariam de si um testemunho de gratidão ao autor de nossas vidas e de nossos destinos.

Não é preciso dizer que o negociante, em espírito, mais tarde, refeito do seu suicídio, visitou sua casa e a encontrou prosperando e com sua esposa à frente de seu negócio realizando sua prova remissiva e abençoada.

Se esperasse quinze dias...

30

Dona Naná e Chico Xavier

A estimada irmã Naná, proprietária do Hotel Diniz, fora colega do Chico no Grupo Escolar. Sabia de muitos lindos casos sobre o querido médium. Contou-nos alguns. De outros nos esquecemos.

Entre outros, vêm-nos à lembrança do sonho de Chico com um grande e lindo lago, parecido com um pântano. Ali se achavam, como que dormindo, espíritos animando corpos de jacarés. Verdadeiros casos de licantropia. E Emmanuel dá ao Chico um cântaro com água e lhe pede para derramar algumas gotas sobre a cabeça de um deles. E esse, recebendo as gotas de água e sob a ação de uma prece de ambos, Chico e seu guia, acorda e se transforma numa moça linda que é levada para a escola do infinito.

Uma cobra aparecia, de quando em quando, nos caminhos da fazenda Modelo, amedrontando os que ali passavam... Chico a viu e com ela conversou, por várias vezes. Por fim, rematou sua conversação: faltam apenas dois meses para você completar sua prova. Se morder alguém, você perderá sua oportunidade. Ela ouvira, chorara, e atendendo ao pedido do médium e amigo, sumira mato adentro e jamais voltou a aparecer ali e amedrontar os viajantes daquela estrada. E Chico soube que morrera e pagara uma de suas dívidas...

31
O Homem do Sedã

Achava-se o Chico nos jardins da Fazenda Modelo, logo à entrada do escritório, quando à sua frente pára um automóvel SEDÃ e dele salta um cavalheiro bem vestido, que lhe ordena arrogantemente:

— *Chame-me o Sr. Francisco Cândido Xavier e diga-lhe que preciso falar-lhe, urgentemente.*

O Chico sentiu que o homem do SEDÃ o tomara por um serviçal qualquer, um JOÃO NINGUÉM, e que tinha o Sr. Francisco Cândido Xavier na conta de um *grande na História*. Ficou, pois, algum tempo indeciso. Não sabia como proceder: se dissesse que era ele, assim vestido, humildemente, como sempre andava, não seria acreditado pelo arrogante visitante... Se mentisse, talvez ficasse pior... Foi quando o homem do SEDÃ, explicou: — *Não ouviu, ande daí seu mole, que mau empregado deve ser você...*

— É que — respondeu-lhe Chico — Francisco, isto é, Chico Xavier, como sou conhecido, sou eu mesmo!...

O homem do automóvel SEDÃ arregalou os olhos. Fitou o Chico de cima para baixo. Soltou um OH! E, desejando consertar a situação, exclamou:

— Então é você, que desilusão! Mas, enfim, já que é você, ouça: estou atravessando uma quadra difícil e preciso de sua proteção...

— Mas, meu irmão — interrompeu-lhe o Chico —, eu nada valho; depois, não trato de coisas materiais. Os espíritos, por mim, às vezes, solucionam questões, mas de fundo espiritual. Se o irmão desejar colocar seu nome em nosso livre de preces, pediremos aos nossos amigos para o ajudarem a vencer seus problemas morais, a encontrar um caminho de consolação, a salvação pelo Cristo de Deus!

— Não quero isto —, disse-lhe o homem depois de refletir um pouco — estou mesmo desiludido com você. Vejo que não é o que eu esperava. Você é mesmo um pobretão, que nada vale.

E, olhando o servidor de Jesus com certo desdém:

— Quanto ganha aqui e há quantos anos trabalha?

— Ganho pouco, algo que dá para eu viver satisfeito. É muito com Deus. Trabalho aqui há mais de vinte anos, graças ao Pai!

— Logo vi. Então você, com sua mediunidade tão falada, ainda não conseguiu melhorar sua situação financeira. Não vale mesmo nada...

— Não valho mesmo, meu irmão. Muito obrigado pelo que me diz, pois eu não pude solucionar seu problema, mas meu irmão solucionou o meu, fazendo-me crer que não valho nada mesmo... Vá com Deus! Que Jesus o abençoe...

O homem do SEDÃ soltou um palavrão, entrou para dentro de seu carro e partiu velozmente sem nem olhar para trás, como a dizer: *perdi meu tempo, vim de tão longe para ouvir bobagens...*

E, tirando daí mais uma lição, concluímos: por este mundo de Deus quantos homens assim vivem à procura do MUITO sem Deus, esquecidos de que estão repetindo a história milionária do HOMEM VELHO, que ainda não se desiludiu de encontrar a salvação onde ela não está... até que a dor lhe abra as portas da realidade do seu desencarne...

32
Se a Cobra Me Comesse

A caminho da Fazenda Modelo, lembrava-nos o Chico pedaços tocantes de sua existência trabalhosa, percalços de sua lida como médium.

Já nos havia perfilado os PÉS DE PATO, espíritos caricaturistas, que deformam os defeitos dos encarnados e que lhes são afins.

E recordou-nos que, dias atrás, sonhara com uma grande cobra que lhe comia os pés. Acordou assustado. E, triste e resignadamente, concluiu:

— Estou numa situação delicada, tão cheia de experimentação, se bem que muito aquinhoado das graças de Deus, que, se uma cobra me aparecesse e desejasse me comer, não lhe contrariaria o desejo. Mas, à proporção que fosse me comendo, dir-lhe-ia: *come em paz, irmã cobra e Deus queira que minha carne não lhe faça mal, não lhe dê nenhuma indigestão...*

33
Fique com Deus, Irmão Bispo

Há tempos, realizou-se em Belo Horizonte uma grande festividade católica, a que compareceu o bispo da diocese local.

O ato se revestiu de muita solenidade, num amplo terreno, previamente preparado, nas imediações da Pampulha.

Convites foram enviados às autoridades, ao povo, de modo que se previa um acontecimento sem igual no campo das festividades religiosas. O Chico foi insistentemente convidado e acabou comparecendo. Desejavam, com isso, verificar qual seria sua atitude no meio de milhares de crentes na fila do beija-mão do bispo...

O Chico entrou na fila e ficou sendo, particularmente, olhado e analisado. Chegando sua vez, sentiu que se achava sob muitos olhares curiosos. E, naturalmente, sob surpresa de quantos o viam, chegou perto do bispo e, pegando-lhe a mão direita, apertou-a. Depois, envolvendo-o num abraço, beijou-lhe o pescoço, dizendo-lhe com toda candura: FIQUE COM DEUS, MEU IRMÃO BISPO!

O bispo sorriu, sentiu sobremodo a sinceridade daquela saudação fraterna e cristã, e respondeu-lhe: VÁ TAMBÉM COM DEUS, MEU IRMÃO CHICO!

Os presentes se entreolharam e cada qual sentiu, no gesto do Chico, a mais linda das lições, espiritualizando uma saudação e realçando, não a autoridade do homem falível e pecador, mas a de Jesus, em busca de Deus!

34
Desembargador Floriano e Lindos Casos de Chico

Acabava de desencarnar em dia do mês corrente, outubro de 1973, o querido confrade e amigo, desembargador Floriano Cavalcanti de Albuquerque, conhecido, estimado e culto jurista de Natal, Rio Grande do Norte.

Tratava-se de um irmão muito querido do general Sandoval Cavalcanti de Albuquerque, por cujo intermédio conhecemos este erudito irmão, chamado à espiritualidade por haver cumprido sua tarefa cristã.

Quando de nossa visita ao NORTE E NORDESTE ESPÍRITAS, em agosto de 1959, assim registramos nossa visita a Natal, e ao lar do ilustre desembargador, e que constou da página 59 de nosso livro REALIDADES E BENEFÍCIOS DO PACTO ÁUREO:

"À tarde, visitamos o Dr. Floriano, culto magistrado, aquele que fora, como jurista, o único que apreciara o CASO HUMBERTO DE CAMPOS, defendendo com razões expressivas o médium querido que é Chico Xavier. Passamos uns momentos de rara felicidade, trocando idéias com um homem de bem, um espírito brilhante, literato, membro da Academia local, que nos presenteou com várias monografias suas, apreciando as vidas de Bevilácqua, Rui Barbosa e Tobias Barreto."

Mais tarde, visitou-nos, juntamente com sua digna esposa Da. Dulce e sua querida filha Miriam, e vivemos outros momentos de feliz espiritualidade, onde sua palavra culta de conhecedor do direito de César e de Deus, repleta de um vasto conhecimento de história geral, de que era professor, lecionando em ginásios e faculdades de Natal, iluminava, comovia, esclarecia, possibilitando-nos um ambiente de rara grandeza espiritual, pois que atraía sobre nós a presença de espíritos eminentes, que o acompanhavam e lhe davam assistência e inspiração.

Desejou visitar Chico Xavier, de quem já havia feito, no CASO HUMBERTO DE CAMPOS, uma defesa perfeita, inédita, muito respeitada no mundo do direito e entre nós. E pediu-nos uma apresentação. Atendemo-lo, dizendo-lhe que não havia necessidade disso. Foi e, na volta, nos procurou ainda emocionado da graça que recebera do grande e querido médium. E lá chegando, em Uberaba, Chico Xavier se achava numa grande concentração, atendendo a diversos irmãos, que lhe recebiam alimentos e conselhos, algo para o corpo e para o espírito. — Recebeu o bilhete de nossa apresentação e o colocou no bolso sem lê-lo — contava-nos o prezado desembargador.

— No fim do seu trabalho, procurou-nos, sem que houvesse lido a nossa apresentação e foi-nos dizendo: *"Desembargador Floriano, está aqui conosco um Espírito que o estima deveras e lhe manda este recado."* E disse-me o nome do Espírito, que me é sobremodo familiar, e deu-me seu recado, que por ser tão verídico e familiar deixo de lhe revelar. Bastante é dizer-lhe que foi para mim um prêmio, uma graça, algo que me surpre-

endeu, encantou, sensibilizou-me e também à minha querida esposa. Valeu todo o sacrifício que fizemos para visitar o evangelizado polígrafo de PARNASO DE ALÉM-TÚMULO, que vale por uma colméia de livros de poesias inimitáveis, revelando o estilo e a cultura de todos os poetas que lhe deram seus versos.

Em 1972, com a visão deficiente e em busca de uma operação que lhe desse uma melhoria, visitou-nos e tivemos a feliz ocasião de ouvir, mais uma vez, sua palestra construtiva, educadora. E contou-nos dois LINDOS CASOS, inspirados, disse-nos, em Chico Xavier, de cuja convivência, por horas, jamais esquecera.

35
Chico Xavier e Dois Lindos Casos

"Saí de meu lar rumo à Faculdade de Direito, em Natal, no Rio Grande do Norte, onde lecionava Direito Constitucional e, numa rua adiante, sem calçamento, várias poças d'água. Numa delas, havia uma carreira de tijolos, servindo de ponte, de um lado para outro, e que apenas dava para passar uma pessoa...

Ia atravessá-la, e quando já estava no meio avistei do outro lado, já lhe penetrando, um pobre aleijado que caminhava com dificuldade. Olhou-me e quis voltar. Fui ao seu encontro e dei-lhe a primazia de passar, ajudando-o para isso. Depois do gesto praticado espontaneamente, lembrei-me que o fiz contagiado dos fluidos e da convivência de horas com Chico Xavier. Ele me inspirava a me fazer sempre o menor para ser o maior diante de Deus. Servir e servir sempre foi a graça que Chico Xavier me deixou como um prêmio, um benefício, se bem que sempre procurara ser útil ao meu próximo, sem jamais haver realizado uma injustiça mesmo como juiz. Dias depois deste sucedido, passava eu por uma das ruas pobres de Natal, quando ouvi que, de uma casa pobre, saiu este lamento: *ninguém se condói da minha dor, não sei o que fazer, vou ser despejada e não sei para onde devo ir, pois minha pensão mal dá para eu comer...* Cheguei perto e verifiquei tratar-se de uma viúva, cuja casa fora comprada por um Banco da localidade e que, por ato do juiz estadual, seria despejada. Inteirei-me do caso. Estava ainda contagiado daquele convívio do irmão Chico, que me ensinara a não perder tempo para servir e realizar um serviço do Senhor. Procurei meu colega, consegui tornar sem efeito o despejo e, ainda através dos diretores do Banco, que ouviram, emocionados, minhas razões, consegui que a viúva recebesse uma indenização com a qual ela comprou uma casa modesta, e que daria tranqüilidade financeira e moral à sua vida de viúva e pensionista pobre, que recebia magros vencimentos".

E outros lindos casos nos contou o prezado magistrado, enchendo de luz e amor nosso ambiente familiar, e deixando-nos inebriados com sua visita tão amiga, tão simples, tão digna de um seareiro, servidor leal de Jesus, em serviço altamente categorizado de juiz professor e chefe de numerosa família.

Seu desencarne entristeceu todo o Estado nordestino e os meios jurídicos brasileiros, que perderam nele um fiel servidor, um exemplo de honestidade, honradez e grandeza moral e espiritual.

Em página de nosso livro FAZE ISSO E VIVERÁS, publicamos a carta que escreveu a seu colega sobre o CASO HUMBERTO CAMPOS – CHICO XAVIER, que firmou jurisprudência sobre o grande assunto.

36
No Centro Espírita do Chico, Pode Ir

Um irmão nosso, residente numa cidade do Estado do Rio, portador de grande mágoa, vivendo uma prova rude de resgate de uma falta que cometera em momento de descuido, visitava o Chico amiudadamente.

E sempre, por misericórdia e acréscimo, recebia esclarecimento e consolação.

Não era um crente convicto. Tanto entrava numa igreja católica como num centro espírita ou num templo protestante...

Recebendo dádivas em quantidade, além do que esperava e merecia, nem sempre traduzia e punha em prática os conselhos recebidos.

Se desse passos à frente, se subisse e descesse morros, se visitasse as avenidas dos necessitados e lhe levasse, com a palavra já esclarecida, algo de si mesmo, e um pouco de alimentação e medicação para os enfermos do corpo e da alma, modificaria seu clima tristonho, ensombrado, doentio... Mas...

De repente, como era de esperar, deixou de visitar Pedro Leopoldo. E procurou novas verdades nos templos católicos. Confessava e comungava quase que semanalmente junto aos sacerdotes amigos. Ambientou-se com o clima dos padres. Fizera amizade com um deles e confessara-lhe, de uma feita, suas amarguras e o que recebera nas sessões espíritas, e esse padre lhe determinara:

— Se deseja receber nossas graças, não deve mais freqüentar as sessões espíritas...

— Mas, padre, às vezes eu visito o Chico Xavier em Pedro Leopoldo, e apenas freqüento as sessões dele.

— Bem — reconsiderou o Padre — no CENTRO ESPÍRITA DO CHICO XAVIER, PODE IR...

37
Não Precisa de Médico Mas de Prece

Quando o CASO HUMBERTO DE CAMPOS vivia sua fase aguda, o Chico foi experimentado por todos os meios. Inimigos ocultos, que nos adversam a crença, procuravam apanhá-lo numa infração, num deslize, numa mistificação, em algo que ferisse a lei de César e pudesse servir de motivo para sua prisão e desabono de sua famosa mediunidade.

Numa tarde, descansando das lutas diárias, lia a um canto do seu humilde quarto, quando alguém lhe bate à porta e pede:

— SEU CHICO, tenho um parente muito doente e venho pedir-lhe, por caridade, uma receita...

Chico atendeu. Era um senhor idoso, desconhecido em Pedro Leopoldo. Toma-lhe o papel com o nome, a idade e a residência do enfermo e diz:

— Espere um instante, vou ver o que posso fazer.

Ao sentar-se, concentra-se e o espírito de Emmanuel vem e lhe diz:

— Cuidado, Chico, com os pedidos de receitas e as aparências dos que lhe batem à porta... Escreva:

ESTE DOENTE NÃO PRECISA MAIS DE REMÉDIO, MAS DE PRECE, POIS JÁ É UM DESENCARNADO...

O médium arregala os olhos os olhos e agradece ao seu guia. Compreende tudo e promete a si mesmo ter mais cautela... E entrega a RECEITA ao portador, que a recebe pressuroso, se surpreende com o que lê e sai correndo...

Adiante, numa esquina, outros amigos o esperavam ansiosos.

Lêem o REMÉDIO receitado pelos espíritos e saem às pressas, verificando que o espiritismo não é uma mentira como supunham, mas uma verdade triunfante em marcha para seus destinos consoladores traçados por Jesus.

E compreenderam mais: que os MORTOS ESTÃO DE PÉ e mais VIVOS do que nunca!...

38
Datilógrafo da Espiritualidade

Desejando ganhar um ordenado melhor e ter um cargo nos quadros do funcionalismo federal, Chico resolveu inscrever-se à prova de datilógrafo do DASP.

Na época aprazada, foi chamado e compareceu. Fez o que lhe foi possível fazer, aquilo que seu segundo ano de instrução primária lhe possibilitou. Não se saiu bem nas provas escritas. Mas os examinadores deixaram que ele fizesse a prova oral, como uma compensação...

Um dos examinadores fez-lhe várias perguntas sobre português, matemática, história, geografia, etc. Mas, o pobre médium pouco sabia dessas disciplinas. Foi quando, surpreso com sua ignorância, o examinador, identificando-o como sendo o conhecido intermediário dos espíritos de Pedro Leopoldo, autor de tantas obras magistrais, exclama:

— Mas você não é o Chico Xavier, autor de tantas obras eruditas, que versam sobre história, ciência, filosofia, revelando conhecimentos profundos de nossa língua?

— Sou apenas o médium. As obras são dos espíritos — respondeu-lhe humildemente Chico.

— Então, rapaz — continuou o examinador —, diante disto, agora acredito que o espiritismo é uma verdade, porque verifico que você, pelo que demonstrou, não poderia escrever tamanhas maravilhas...
Foi reprovado.

Voltou a Pedro Leopoldo com a fisionomia triste, desanimada. Dormiu e sonhou. Viu-se defronte de um casarão em cujo frontispício estavam escritas as palavras:

Dasp

E exclamou para o espírito de Emmanuel, a seu lado:

— Há pouco, saí de uma casa com este nome. Fiz a prova de datilógrafo e não logrei aprovação. E agora, aqui, encontro também o mesmo DASP. — E seu guia informa-lhe bondoso:

— Lá embaixo, na terra, existe o DEPARTAMENTO ADMINISTRATIVO DOS SERVIDORES PÚBLICOS, ao passo que aqui existe coisa diferente: DEPARTAMENTO ADMINISTRATIVO DOS SERVIÇOS DO PAI. Naquele você não conseguiu ser datilógrafo, mas aqui você já o é.

O Chico acordou contentíssimo e jamais pensou em pertencer ao quadro de funcionários públicos.

Contenta-se em ser mesmo um extranumerário, extraquadro...

39

Erva-de-Passarinho e Cipó-Chumbo

De uma das janelas da FAZENDA MODELO, em Pedro Leopoldo, olhávamos para o campo esverdeado, alongando-se à nossa vista. Pousamo-la sobre aquele balsamizante quadro, vestido de silêncio e tocado de poesia. Aqui e ali, manchas amareladas de CIPÓ-CHUMBO. E, mais perto da janela, uma árvore enfeitava o ambiente, tendo na sua copa bojuda muitos laços de ERVA-DE-PASSARINHO...

Chamamos a atenção do Chico e ele, que somente abre os lábios para nos dizer coisas certas, esclarecedoras, considerando o que lhe mostramos, disse-nos:

— Tanto a ERVA-DE-PASSARINHO como o CIPÓ-CHUMBO apenas recebem e nada oferecem... Representam bem os egoístas de todos os tempos. — E lembrando com Emmanuel das realidades do espiritismo, compara:

— A OBSESSÃO é como a ERVA-DE-PASSARINHO ou o CIPÓ-CHUMBO do espiritismo. E Jesus é a PODA salvadora.

40
Os Espíritas São Uns Exploradores

Chico viajava de Belo Horizonte para Pedro Leopoldo, num ônibus lotadíssimo. Deram-lhe um lugar na parte de trás, sobre as rodas.

Viajou com dificuldade, sentindo pesados solavancos, visto que o veículo trafegava pela estrada velha, que passa defronte à FAZENDA MODELO, onde trabalhava.

Próximo à Fazenda, tocou a campainha e foi, devagar, esforçando-se para sair sem maiores atropelos. Quando saiu, ouviu de dois viajantes que não o conheciam este comentário:

— Que fazenda é esta?

— É uma fazenda adquirida por um médium chamado Chico Xavier, o qual tem ganho uma fortuna com sua mediunidade, explorando uma infinidade de criaturas bobas...

— Como são exploradores os espíritas — concluíram os dois...

E o caro médium desceu às pressas, e foi para seu serviço orando pelos seus gratuitos caluniadores...

41
Atos de Caridade

Numa tarde muito fria de junho, o Chico foi chamado para ir à casa de um irmão, que se achava muito doente. Atendeu-o.

Tratava-se de alguém que vivia mais doente do espírito que do corpo.

Chico lembrou-se da assertiva de Bezerra de Menezes de que na terra, no meio dos enfermos, 90% são portadores de doenças espirituais; do MENTALISMO, de Miguel Couto, espírito, no FALANDO À TERRA; da belíssima crônica do espírito de Emmanuel, SINTONIA, do seu livro ROTEIRO, para concluir que o companheiro visitado era uma vítima do pensamento pessimista, em virtude de apenas corresponder-se com entidades da terra e do além em sintonia com o mal...

Inspirado pelo seu esclarecido guia, Chico deu ao irmão que o chamara conselhos providenciais. E o fez como se a doença estivesse nele, Chico, que é a maneira cristã de aconselhar melhor porque não fere, não humilha... O doente melhorou.

Noutro dia, recebeu ordens de seu chefe para procurar um colega de serviço em Belo Horizonte e resolver com ele determinados problemas afetos à fazenda. Cumpre as ordens. O irmão procurado, por se sentir mais categorizado, recebe-o com altivez e pouco-caso... E, em dado momento para surpresa de Chico, magoa-o, mostrando-lhe que sua presença ali desagradava-o, que não desejava ser procurado por ninguém e muito menos por ele, Chico, que ali fora certamente para fiscalizá-lo...

O Chico ia responder-lhe delicadamente, já agastado com a ira do companheiro, quando Emmanuel o aconselha: — Nada responda, Chico, ele sofre horrivelmente do fígado e precisa do seu silêncio e da sua caridade...

Bem haja os que carregam a cruz de palha, que geram atos assim, que medicam enfermidades do corpo e da alma de irmãos sofredores, encaminhando-os ao grande roteiro salvacionista.

42

Seremos Uma Estrela de 5 Raios

Quando psicografava o maravilhoso livro PAULO E ESTEVÃO, do espírito de Emmanuel, o Chico via a seu lado um sapo feio, gorduchão, que o amedrontava muito...

No princípio, distava-lhe alguns metros. Depois, à proporção que a grande obra chegava ao fim, o sapo estava quase aos pés do médium.

Emmanuel, observando-lhe o receio, diz-lhe:

— O sapo é um animal inofensivo, um abnegado jardineiro, que limpa os jardins dos insetos perniciosos. Não compreendo, pois, sua antipatia pelo pobre batráquio... Procure observá-lo mais de perto, com simpatia, e acabará sentindo-lhe estima.

Após a ponderação justa de seu amado guia, Chico começou a ter simpatia pelo sapo, a achar-lhe de certa forma belo, de utilidade, um verdadeiro servidor.

Terminou a recepção do formoso livro e Emmanuel, completando-lhe o asserto, pondera-lhe bondoso:

— O homem, Chico, será um dia uma estrela de cinco raios, quando possuir os pés, as mãos e a cabeça levantados, liberados. Já possui três raios: as mãos e a cabeça, faltando-lhe os dois pés, os quais serão libertados quando perder a atração da terra. Existem, no entanto, germes, animais, seres outros, com os cinco raios voltados para baixo, para a terra, sugando-lhe o seio, vivendo de sua vida. Assim é o sapo, coitado, que luta intensamente para levantar um raio, pelo menos a cabeça. O boi já possui a cabeça levantada, já progrediu um pouco. É preciso pois que o homem sinta a graça que já guarda e lute, através dos três raios já suspensos, pela aquisição dos outros dois. Que saiba sofrer, amar, perdoar, renunciar, até libertar-se do erro, dos vícios, das paixões e desta forma terá livres os pés para transformar-se numa Estrela de Cinco Raios e participar da vida de outras constelações, em meio das quais brilha uma estrela maior, que é Jesus.

43
Seu Desejo Maior

Na noite de 7 de março de 1956, ganhamos junto ao Chico muitas graças. Revelou-nos aí seu maior desejo. Logo assim que deixe de atender à recepção dos livros e sinta que terminou sua missão mediúnica, deseja ir para um recanto longe de Pedro Leopoldo, onde não seja[1] conhecido, para se dedicar a uma obra de amparo às mães solteiras. É o seu desejo maior. E acrescenta que deseja isto com ânsia, pois sabe como sofrem essas queridas irmãs e como os filhos de seus corações se criam ao desamparo, formando essa corte dolorosa de seres desajustados, infelizes, sem Deus, sem fé, sem paz e sem um roteiro cristão.

---

[1] Atualmente, Chico reside na cidade de Uberaba e realiza uma tarefa cristã em todo sentido, pois além de mais de quatrocentos livros psicografados, ainda tem tempo para realizar peregrinações, levando alimento e esclarecimentos à pobreza em geral; efetivar uma sopa diária para homens, mulheres e crianças necessitados e, ainda, para visitar doentes como as vítimas do FOGO SELVAGEM, dando-lhes apoio e remédios materiais e espirituais. Que o divino médico abençoe seu abnegado servidor!

O espiritismo tem progredido bastante no campo social, mas ainda não conseguiu dar assistência às mães solteiras. Concordamos com o desejo justo e oportuno do prezado médium.

Além de se dedicar a essa tarefa, deseja terminar seus dias na terra, tratando de criaturas portadoras de feridas nas pernas...

— Nas pernas, por quê? — exclamamos.

— Sim — continuou o médium —, porque justamente aí é que os espíritos malfazejos, à moda de vampiros, colocam a boca para sugarem o sangue de suas vítimas indefesas. E elas ficariam curadas se alguém lhes tratasse as feridas, lavando-as com as mãos e sob a ação de uma prece a Jesus para que, por meio daquele banho, recebessem os fluidos necessários e neutralizadores da ação dos pobres vampiros...

A lição era de fato inédita, emocional, cristã. E, com a explicação conclusiva do Chico, compreendemos que os portadores de feridas não lavadas pelo processo desejado, quase sempre acabarão vítimas de doenças varicosas.

44
Conheçamos a Nós Mesmos

Quando me elogiam, quando me fazem acreditar que tenho algum valor, quando, embora levemente creio nisto e com isto me envaideço, começo a ser VIRADO e REVIRADO em casa, na rua e, principalmente, no serviço...

VIRADO e REVIRADO, explica-nos o bondoso médium, é ser xingado, experimentado, incompreendido.

Recebe insultos. Suporta serviços rudes, difíceis. É provado na paciência e incompreendido nos seus atos de bondade, ternura e renúncia.

E para complemento às VIRADAS e REVIRADAS, recebe jornais que lhe obscurantizam as obras psicografadas, que lhe fazem injustiças, que lhe caluniam a moral, ou ainda, cartas anônimas que lhe ferem a alma sensível e pura, que lhe golpeiam os sentimentos sempre nobre, cristãos.

Depois de chorar muito, de verificar sua desvalia, de conhecer a si mesmo e às suas deficiências espirituais, e de que tudo que faz, mesmo no campo mediúnico, vem, por acréscimo de misericórdia, de mais alto, dos espíritos do Senhor, sente-se, então, mais consolado.

E Emmanuel, guia, pai e amigo, depois de tudo isto, lhe aparece e diz:

— Você, Chico, ganhou muito bem o seu dia. Sofreu, trabalhou, serviu, testemunhou sua crença, foi sobremodo experimentado e, no fim, o vejo assim pranteando-se...

— Mas meu pai, sinto que a luta é grande e tanto maior se torna quando, por descuido, penso que valho alguma coisa, sem Jesus...

— Muito bem! Trabalhe sempre assim, testemunhando o Mestre nos atos, escudado na força da fé e da humildade e estará sempre recordando: que o espiritismo prático, olhado e traduzido é o do EU; mas que PRATICADO como o fez, é o de Deus!

45
Sonhando Com Chico Xavier

Sonho longo e emocionante.

E de pouca coisa nos lembramos, penalizado. Somente, que o víamos maltrapilho, em lugar ínfimo, tomando num panelão de ferro um caldo sujo, escuro, à moda de lavagem...

— Que é isto, Chico — perguntamos, aflito, condoído.

— Estou bebendo esse caldo — respondeu-nos — para testemunhar minha humildade e obter algo para me defender das feras do orgulho... Preciso, de quando em quando, mesmo na espiritualidade, de me VIRAR e REVIRAR, desvalorizar-me, enfim, para sentir que nada valho, que nada sou, que nada faço, sem o auxílio que me é tudo, das mãos sagradas de Jesus.

E, guardando a tocante lição, acordamos chorando.

Ele Tem Bom Gosto

Falávamos ao Chico: — Já lhe mandamos nossos livros, por várias vezes e, até hoje, você não nos acusou seu recebimento...

— Mas... nem sempre os recebo. E, depois, nosso irmão M. quase sempre fica com eles.

Nisto levanta e o vê na assistência e reconsidera:

— MAS ELE TEM BOM GOSTO. Coitado, é um bom irmão e meu amigo.

Como vemos, bela lição para os maledicentes. O Chico, em nenhuma ocasião, mesmo experimentado como foi, fala mal de alguém.

Tentado, embora, ainda tem tempo para reconsiderar, vendo no carteiro, que ficava com os livros, um irmão e amigo *que tem bom gosto...*

46
O Namoro Das Almas

Minutos antes da sessão do LUIZ GONZAGA, acompanhados de muitos confrades do então Estado da Guanabara, fomos à casa do querido casal Lucília-Pachequinho, a fim de que o Chico e demais familiares ouvissem a gravação de um FILME, que trazia ao médium a saudação das famílias Lauro Pastor e Pastorinho.

A casa estava vestida de vibrações celestiais, era como um pedaço de céu na terra. Os presentes eram todos afins, estimavam-se como verdadeiros irmãos em Cristo. A saudação foi ouvida num clima de emoção e respeito. O Chico, agradecido, gravou sua resposta. Música clássica selecionada foi tocada na vitrola. Nossa irmã Zezé Gama tocou sentida valsa de Strauss no piano de Lucília. O ambiente era de fato, soberbo e emocionante. Todos sorriam e se afagavam. Foi quando o Chico olhou o relógio e exclamou inspiradamente:

— Acabou-se o namoro das almas; agora vamos para o Serviço do Senhor em nosso LUIZ GONZAGA.

E, saudosos despedimo-nos, deixando aquele pedaço de céu na terra e fomos para o LUIZ GONZAGA, vivermos mais uma noite de convívio feliz com os caros irmãos da espiritualidade e deles recebermos mais uma lição magistral com vistas ao LIVRO DA VIDA e um estímulo à iluminação de nossos pobres espíritos.

47
A Lição do Acidente de Pampulha

Quando volteamos, de automóvel, ao lado do Chico, os 18 quilômetros da Pampulha, justamente na hora em que a falha, que se manifestara no seu dique, mais se avolumara, inutilizando toda aquela obra de arte da capital mineira, levando no roldão de suas águas represadas uma infinidade de pobres casas de operários, Emmanuel, pelo Chico, comenta:

— Por um erro de cálculo dos engenheiros responsáveis, uma grande obra se reduz a pó, rebenta-se, inutiliza-se, prejudicando, em milhões de cruzeiros, o erário público, a classe pobre de seus habitantes. E aqui estamos andando 18 quilômetros para passarmos de um lado para outro, quando podíamos fazer, como vinha sendo feito antes do acidente, por uma ponte, em cima do dique, 18 metros... Também, às vezes, o espírito, na prova testemunhal, tem de vencer 18 séculos para desfazer um engano de um momento, um erro de cálculo, quando poderia, se orasse e vigiasse, realizá-la em 18 anos ou 18 meses.

48
Remédio Contra a Vaidade

Chico encontra-se com um irmão que sofria de insônia, o qual lhe pede conselhos. Lembrando-se de André Luiz, cujos maravilhosos livros, por ele recebidos, registram esclarecimentos inéditos, pediu ao companheiro para DORMIR BEM e VIVER BEM, com Jesus na mente e no coração, e daí, nos atos de todo instante, antes de dormir, que lesse o Evangelho e meditasse sobre seus ensinos, que pedisse ao seu autor possibilidades para ser útil, fazer o bem. De manhã, que também procedesse assim e levantaria melhor, como melhor haveria de dormir.

Dias depois, encontra-se com o insone. Era todo alegria e agradecimento. Trazia no bolso várias mensagens de Emmanuel e de André Luiz e já havia repetido seus conselhos à família, aos companheiros de serviço. Com o EVANGELHO lido e praticado, havia aprendido a viver bem, a dormir bem, a comer bem.

O médium, satisfeito, despede-se do irmão. No escritório da fazenda os colegas já sabiam da bela ação do Chico. E, enrolado na onda dos elogios, acreditou que de fato fizera um ato de caridade. Sentado à mesa de trabalho, sorriu alegre com o acontecido. Emmanuel lhe aparece sorrindo e lhe diz:

— Fez uma bela ação, Chico!

— Sim, meu pai, e todos se mostraram satisfeitos.

— Também estou. Mas não fique vaidoso com isso, porque, pensando bem, você não fez vantagem nenhuma...

— Por quê?

— Porque deveria ter feito isso... desde há dois mil anos!...

— Tem razão, estou agindo bem mas agindo tarde...

E a lição nos serviu como uma justa carapuça...

49

Boaventurices

Em novembro de 1957, Frei Boaventura, que vive catando motivos para desprestigiar o espiritismo, visitou o Chico.

Tentou magnetizá-lo e nada conseguiu.

Procurou mistificações nas sessões do LUIZ GONZAGA e não as viu...

Visitou o escritório da fazenda Modelo, onde o Chico trabalhava. Viu prateleiras cheias de boletins de serviço e pensou que eram livros...

À saída, fez esta pergunta ao médium, na certeza de deixá-lo vencido:

— Chico, desejo que me responda: que é A VERDADE?

E o Chico, sorrindo e com aquele ar de alguém que não possui maldade dentro de si, respondeu de pronto:

— Ora, meu caro irmão, esta pergunta Pilatos, há dois mil anos, fez a Jesus e Ele silenciou... Como deseja que lhe responda?

Frei Boaventura silenciou e partiu... com algo no pensamento e no coração...

Guia Atrasado

O Chico encontra-se com um de seus amigos e vem o conselho tentador:

— Por que não vende, a seu benefício, um dos livros que recebe pela psicografia? Precisa pensar no seu futuro...

E a resposta do médium vem simples e amorosa:

— Não posso preocupar-me com as coisas materiais. Já ganho o necessário para não sacrificar meus dons mediúnicos à minha manutenção. Tudo que recebo de graça devo dar de graça, atendendo, com humildade, ao meu guia.

— Mas que espírito atrasado você tem, Chico — exclama outro alguém, prometendo-lhe: — quando desencarnar, vou pedir para ser seu guia para lhe ensinar a ganhar a vida com mais objetividade...

O caro médium sorriu e passou...

50
Chico Xavier e o Programa Pinga-Fogo

Assistimos ao utilíssimo Programa PINGA-FOGO, que Chico realizou em S. Paulo e foi televisado pela tevê Tupi, do Rio.

Foram quatro horas, mais ou menos, de duração e o humilde médium foi sobremodo testado em tudo e por tudo, e soube sair-se bem e sem nenhuma vaidade. Respondeu a todas as perguntas, algumas até sem razão de ser...

Na parte final, fechou sua entrevista com chave de ouro, recebendo junto àquela enorme assistência, de mais de 4 mil pessoas, um belíssimo alexandrino, trazendo-nos na poesia verdadeira uma emocionante lição evangélica. E orou, na música do pranto, o que comoveu a todos que o ouviram ali e pelo Brasil afora.

Dias depois, visitando o Hospital da Aeronáutica, do Galeão, ouvimos entre os médicos um comentário sobre o Chico. Nele tomamos parte, visto que temos amigos e confrades naquele elevado ambiente de intelectuais e abalizados médicos, e um deles sintetizou a opinião de todos:

— Tínhamos do espiritismo uma alusão falsa. Não sabíamos do seu valor exato, como ciência, filosofia e religião. E através do Chico Xavier, acabamos, admirados, sentindo-lhe a valia, pois um rapaz com instrução de apenas terceira série de grupo escolar, respondendo, com humildade, simplicidade e acerto, perguntas sobre ciência, filosofia e religião, revelando-nos coisas novas, aspectos inéditos da vida, verdades sobre a reencarnação, ensinos atualizados, que traduzem o valor de uma doutrina, que não apenas consola e educa mas que dá a todos nós uma certeza da sobrevivência, do roteiro que nos compete seguir e que é o que Jesus nos deixou no seu grande livro, O EVANGELHO, ainda tão pouco lido, entendido e praticado.

— E concluímos que o Chico, consciente ou inconscientemente, está realizando um TRABALHO DO SENHOR, na hora exata, justa, que é a que vivemos. Graças a Deus! Que Jesus o ajude hoje e sempre!

No fim do programa, Chico Xavier psicografou este belíssimo alexandrino de Ciro Costa:

TERCEIRO MILÊNIO

Apaga-se o milênio. A sombra deblatera.
Vejo a noite avançar, do anseio em que me agito.
Guerra e sonho de paz estardeiam em conflito.
De pólo a pólo a dor reclama em longa espera.

Explode a transição no ápice irrestrito.
A cultura perquire; a crença se oblitera.
A forma antiga, em luta, aguarda a nova era.
Rasga-se o tempo novo ao tempo amargo e aflito.

A civilização atônita, insegura,
lembra um tesouro ao mar que a treva desfigura,
vagando aos turbilhões de maré desvairada.

Entretanto, no mundo a nau que estala e treme,
a luz prossegue e brilha. O Cristo está no leme
preparando na Terra a nova madrugada.

51
O Veterinário de Deus

O nosso caro Chico Xavier, além de sofrer moralmente, também sofre fisicamente.

Olhamos para sua fisionomia serena e irradiando bom humor e nem de leve sentimos o que lhe vai por dentro da alma cândida e sempre experimentada.

Além dos sofrimentos espirituais, possui um corpo carnal como o que possuímos, sempre em reparos...

A visão lhe é deficientíssima.

E, uma das vistas, além disso, lhe dói constantemente, e vez por outra sangra e lacrimeja, trazendo-lhe dores pungentes.

Ao final de uma das sessões de sexta-feira do CENTRO ESPÍRITA LUIZ GONZAGA, em que atendeu, durante cinco horas seguidas, a mais de duas mil receitas, sua vista mais lesada sangrava e doía insuportavelmente.

O Dr. Bezerra, o abnegado espírito receitista, já havia se ausentado, depois de haver, pelo Chico, respondido a todas as perguntas e solucionado infinidades de problemas íntimos...

"Que fazer?" pensava o querido médium, em meio a uma assistência numerosa de irmãos, que, nem de leve, lhe sentia a prova e que ainda se mostrava desejosa de receber, pelos seus abraços de despedida, mais algum benefício?

Nesta fase crucial, em que sofria material e moralmente, vê a seu lado o espírito amoroso de Antônio Flores e lhe suplica humildemente:

— Irmão Flores, você que é um dos abnegados e sinceros pupilos do Dr. Bezerra, peça-lhe um remédio para meus olhos, pois sofro muito...

O irmão Flores parte incontinenti e aflito.

Daí a instantes chega com o Dr. Bezerra que, olhando Chico, se surpreende e lhe diz:

— Mas, Chico, por que você não me disse que estava passando mal da vista? Eu lhe teria medicado.

E o humide médium, emocionado por ver à sua frente o espírito querido do MÉDICO DOS POBRES, todo iluminado e refletindo bondade, lhe pede:

— Dr. Bezerra, eu não lhe peço como gente, mas como uma BESTA cheia de pisaduras, que precisa curar-se para continuar seu trabalho e ganhar seu pão de cada dia. Cure, pois, por caridade, os meus olhos doentes...

— Se você, caro Chico, é uma BESTA e eu quem sou, então? — retrucou-lhe o querido Apóstolo.

— O senhor, Dr. Bezerra — exclama Chico — é o VETERINÁRIO DE DEUS!...

Viu o Dr. Bezerra Sorrir

Diante do estimado médium classificar o Dr. Bezerra de VETERINÁRIO DE JESUS, esse, emocionado e surpreso pela resposta do Chico, volta-se para o lado e SORRI... E o médium conclui:

— Pela primeira vez, desde que trabalho com o espírito querido do KARDEC BRASILEIRO, vi-o sorrir e fiquei satisfeito.

Depois disso, colocou-me as mãos luminosas sobre a vista doente e senti-me, de imediato, melhorado.

Tudo se deu em minutos. Ninguém soube do sucedido.

Os abraços de despedida vieram.

E o Chico conseguiu partir para seu lar e dormir uma noite sem dores e sem lágrimas...

52
Uma Lição de Direito Constitucional

Entramos com o Chico em casa de suas irmãs, em frente ao Centro Espírita LUIZ GONZAGA. Essa casa assistiu aos primeiros ensaios mediúnicos do polígrafo do PARNASO DE ALÉM-TÚMULO. Foi toda reparada e modificada em sua aparência. Mas ainda conserva aquele mesmo clima de suavidade e bem-estar. E o Chico nos recorda, apontando para uma meia-água, nos fundos, já muito nossa conhecida:

— Ali realizei minhas primeiras sessões, tendo como móveis uma velha mesa e dois bancos compridos. Lembro-me de que, no começo de 1944, aqui entraram os Drs. *F.C.* e *G.M.* Vinham do Rio, especialmente para me VER. O Dr. F. trazia debaixo do braço direito uma pasta. Depois de alguns minutos de palestra, senti a aproximação de alguns espíritos afins com os visitantes, e um deles desejava escrever-lhes uma mensagem. Levei-os para a sala do centro e ali, naquela meia-água, depois de orar, recebi uma longa página sobre Direito Constitucional, segundo soube depois. Assinava a página o Espírito com as iniciais O.P.[1] e a terminava, dirigindo-se ao Dr. F. C., dizendo-lhe:

— Você, caro colega, trás na pasta um trabalho meu, feito quando aí vivia. Confronte-o com a página que lhe acabo de dar e verificará que o assunto é o mesmo e melhor esclarecido e solucionado. A letra, a assinatura e o estilo me identificam, como verá. Adeus.

Minhas visitas estavam, visivelmente, admiradas, nervosas, pálidas. Leram a página que lhes dei e entreolharam-se emocionadas. Confrontaram-na com o trabalho que traziam na pasta. E ouvi de F. C. este comentário:

— Que maravilha! Tudo exato, letra, estilo, assinatura e cultura especializada sobre Direito Constitucional do que foi, na terra, um grande mestre. Recebemos, pois, uma grande graça!

Despediram-se, abraçando-me comovida e agradecidamente. Seus olhos tinham lágrimas e como que me diziam: *em verdade os mortos estão de pé e vivem realmente!...*

E, concluímos, GRAÇAS A DEUS que estão!

---

[1] O Visconde de Ouro Preto (Afonso Celso de Assis Figueredo). Estadista e Jurisconsulto brasileiro, nasceu em Ouro Preto, Minas, em 1837, e morreu em Petrópolis em 1912. Político brilhante, foi Deputado em várias legislaturas, Senador, Ministro da Marinha e da Fazenda e era Presidente do Conselho, quando foi extinto o Império (1889), acompanhando o Imperador no exílio. É autor de muitos e conceituados escritos sobre Política e Direito Constitucional.

53
Fora da Caridade Não Há Salvação

Estávamos em Pedro Leopoldo quando o Chico ia inaugurar a sua já hoje famosa e beneficial PEREGRINAÇÃO, que, de forma mais ampla, continua realizando em Uberaba.

Num sábado, às 19:30 horas, saímos todos, Chico, Virgílio, Zeca Machado, muitos confrades de Belo Horizonte, do Rio e de outros estados. Conhecemos, aí um estimado médico de Ibitinga. E saímos todos, tendo atrás de nós um *jipe* contendo os embrulhos de alimento: arroz, feijão, fubá, farinha, carne, toucinho, café, pão, balas, roupas, agasalhos.

Era uma noite do mês de junho. A chuva vinha caindo constantemente há um mês. Fez apenas uma estiagem e a aproveitamos.

A primeira parada foi debaixo de uma ponte, nas imediações da Companhia de Cimento Cauê.

Uma família com oito filhos, mulher e marido, pobres coitados, sem nada, vieram de uma fazenda em cujo chiqueiro se abrigaram, por ser o único lugar vago, mas o fazendeiro precisou dele e os despejou...

Pediu-nos o Chico que fizéssemos a prece. E, enquanto a fazíamos, nossa companheira mostrava-se inquieta, inquietando-nos também. Quando acabamos, perguntou nossa esposa à pobre mãe ali residente:

— A senhora tem algum gato ou cachorro aí, por debaixo das camas...

— Gato, cachorro?!... Como, se não temos comida nem para nós, como vamos criar bichos!...

Indagamos à companheira a razão daquela pergunta e respondeu-nos:

— Algo me dava rasteiras na perna, à moda de lagarto ou cobra. Mas o alto nos protegia a todos. E dando àquelas pessoas dinheiro, alimentos e roupa, partimos em busca de outras casas.

A chuva apertava. As ruas, já lamacentas, tornavam-se intransitáveis.

Penetramos todos num longo terreno baldio, vestido de capim-gordura e tiririca. As poças de água enchiam-nos os sapatos de lama. Um caminho longo, estreito, como uma serpe estendida, volteando-se aqui, ali e além. Até que chegamos a uma casa mal-acabada, com um quarto, uma sala com meias paredes e móveis, isto é, esteiras, pequena mesa e aqui e ali vasilhas, pratos, uma moringa. Num canto, uma velhinha paralítica, duas crianças gêmeas, noutra esteira. Mais seis filhos, formando uma escada de 5, 6, 7, 8, 9 e 10 anos... Todos subnutridos, acanhados, mas satisfeitos por verem ali o Chico. E isso era tudo.

Chico abriu, à sorte, o Evangelho e veio-nos o Capítulo XV — FORA DA CARIDADE NÃO HÁ SALVAÇÃO. Não poderia haver lição mais significativa para o Chico inaugurar sua Peregrinação. Olhamos uns para os outros. E verificamos que o alto abençoava aquele SERVIÇO DO SENHOR. Foi lida a lição que abre aquele capítulo com a Parábola do Bom Samaritano. Não havia necessidade de comentário.

Naquele ambiente estava a tradução legítima do IDE E PREGAI, que quer dizer: IDE E EXEMPLIFICAI.

E a doutrina espírita, através de seus verdadeiros servidores, naquela peregrinação, estava exemplificando Jesus, levando pão para o espírito e para o corpo para seus irmãos mais necessitados, e possibilitando que cada um de nós exercitasse o discipulado de servir e amar.

Lembramo-nos de repente, de Pedro Richard, que fora a coluna de luz da assistência aos necessitados da F.E.B., no dizer do saudoso e querido M. Quintão.

Quando, pelo Natal, havia distribuição de víveres, roupa e remédio aos pobres, no grande salão da CASA DE ISMAEL, Richard, que presidia o departamento de assistência, dizia emocionado, àquela imensa massa humana de necessitados, traindo no olhar miséria material e moral:

— Dia virá em que estas distribuições serão feitas, às escondidas, em peregrinação humilde e abnegadamente. Em vez da pobreza vir aqui, nós é que devemos ir ao seu encontro, preferencialmente à noite, para que ninguém veja e seja humilhado ao receber a nossa dádiva. Depois, sob o pretexto de dar algo para o corpo, conviveremos, leremos uma página do Evangelho, para dar a nós mesmos e aos nossos irmãos da avenida das lágrimas, consolações, paz, amor e bons exemplos.

Ali, pois, estava Pedro Richard dando-nos sua presença e agradecendo a Deus pelo início, em terras do Brasil, do seu grande sonho.

Pedro Leopoldo a iniciou. Uberaba a continua. Vários lugarejos do Brasil espírita estão começando a fazê-la e em breve, se Deus quiser, todo o Brasil a verá como um meio diferente de ajuda, refletindo um legítimo SERVIÇO DE NOSSO SENHOR JESUS CRISTO!

54
A Arte Não É para Mim

Duas senhoras de Pedro Leopoldo conversavam, debruçadas à janela de sua residência, quando o Chico passou e as cumprimentou.

Quando ele ia mais longe, uma delas comentou:

— Que belo médium. Nada lhe falta para ser perfeito. Se quisesse, poderia tocar piano divinamente. Sua irmã Lucília, a abnegada esposa do Pachequinho, Waldemar Silva, tem um lindo piano e já o convidou para aprender a arte musical e, em seguida, tocar nele músicas divinais. Mas, ele se escusou... É uma pena, tão jovem, tão bonitão, tão virtuoso...

Daí a duas horas, voltando da casa do seu irmão André, o Chico passou novamente pelas duas irmãs, que, ainda debruçadas à janela, lastimavam a aversão do médium à arte de Beethoven... E o médium, portador de várias mediunidades, inclusive de audiência e vidência, disse-lhes, baixinho, para que as mesmas bem o ouvissem e se certificassem de que mesmo de longe, ele lhes ouvira o amável comentário:

— É mesmo uma pena não querer eu aprender música e tocar piano... Mas, minhas caras irmãs, nesta encarnação a arte ainda não é para mim. Minha missão é outra.

E fazendo-lhes um agrado com as mãos, continuou sua caminhada.

E as irmãs, emocionadas, sentiram que o Chico mesmo de longe, *ouve* e *sente* os comentários que mesmo veladamente fazem a seu favor, pois OUVE, SENTE, VÊ, SORRI E PASSA...

55
Obediência e Resignação

2 de abril de 1965.

Em Pedro Leopoldo, Estado de Minas, no CENTRO ESPÍRITA LUZ GONZAGA, às 21 horas.

O querido Lico, que preside à sessão, pede que façamos a prece.

Depois da prece, abre o Evangelho, por sorte, e vem o Capítulo IX – BEM-AVENTURADOS OS BRANDOS E PACÍFICOS, e a lição: OBEDIÊNCIA E RESIGNAÇÃO.

Olhamos uns para os outros. Assistência pequena mas homogênea, de irmãos afins e sinceros.

O LUIZ GONZAGA fazia 15 anos de existência e o Chico Xavier, que não pôde ali estar presente por motivos supervenientes, fazia 55 anos de idade.

Não poderia haver página mais linda à comemoração dessas datas. O comentário é feito da lição consoladora, instrutiva, medicamentosa. Todos nos sentimos sob a ação amorosa de entidades superiores.

Nossa irmã Zezé Gama vê o espírito do Chico presente e afagando cada irmão. Certamente, sua imagem projetou-se do CENTRO ESPÍRITA de Uberaba, onde se achava concentrado com o querido confrade Waldo

Vieira e outros caros irmão, e porque sabia que estávamos *pensando* nele e com ele naquele centro, dentro do qual o Divino Mestre tem distribuído tantas graças.

Como que agradecia também nosso gesto e o de outros: de ali estarmos fraternizando com todos e dando aos irmãos abnegados do LUIZ GONZAGA o testemunho de nossa união, da nossa estima e da nossa gratidão.

O espírito formoso de José Xavier veio pelo nosso lápis mediúnico, tão canhesto, e deu-nos, rapidamente, em segundos, as suas quadras, abraçando a cada um dos presentes e deixando com todos as vibrações felizes da sua ternura e da sua elevação espiritual.

OBEDIÊNCIA E RESIGNAÇÃO eram os remédios e eram os presentes de Jesus para todos nós, para o centro e para o querido Chico, todos no BOM COMBATE, buscando a salvação através do discipulado de servir, amar, perdoar e persistir sempre com Ele e por Ele, o Nosso Divino Pastor.

"Obedecer, sim, e obedecer sempre", como diz André Luiz, em o SOL DAS ALMAS, "mas obedecer executando as ordenações que nos são dadas e acrescentando de nós mesmos empenho e abnegação, paciência construtiva e otimismo operante, para que os benfeitores espirituais nos encontrem, sem melindres e sem desajustes, à feição de servidores exatos no lugar certo."

Graças a Deus!

Leremos, para os presentes, as quadrinhas a seguir, de José Xavier, deficientemente por nós recebidas.

56
O Presente de Jesus

O Anjo da OBEDIÊNCIA
e o da Resignação
visitaram nosso centro
na sua linda sessão.

Quando conta mais um ano
de existência útil e boa,
eis o presente que ganha
e que, em nós, tão bem ressoa.

Porque, sem estas virtudes,
o orgulho invade nossa alma,
e a coitada da Humanidade,
com pena de nós, se alarma...

Porque sabe o que acontece
quando, em nós, não tem morada,
sabe que o fracasso é certo
nesta vida atribulada.

Dia a dia, obedecendo,
todos, às Leis do Senhor,
resignados, levemos
nossa cruz ao Salvador.

LICO, ANDRÉ e PACHEQUINHO,
VIRGÍLIO e demais irmãos:
vivemos nessas virtudes
para sermos bons cristãos.

Que o nosso LUIZ GONZAGA
prospere nelas, com elas,
fazendo bem sem alarde,
vencendo suas procelas.

E Jesus que tudo vê
e vê a nossa intenção,
dará às nossas virtudes:
seu amor, sua bênção!

Com lágrimas doces de uma alegria sem igual e uma emoção contagiante e feliz por parte de todos os presentes, pela palavra do irmão LICO, a prece final foi feita.

57
Os Sonhos de Zeca Machado

Dali, juntamente com a prezada companheira, fomos visitar a viúva de Zeca Machado.

Pelo caminho, íamos pensando no desencarne do estimado confrade e amigo, que foi, em verdade, uma coluna de luz do CENTRO ESPÍRITA LUIZ GONZAGA e que tanto colaborara com o humilde Chico Xavier na sua tarefa mediúnica e evangelizadora.

Deveria estar fazendo uma grande falta aos seus co-irmãos de lutas no meio espírita pedroleopoldense.

Sabíamos que Zeca Machado, diariamente, às 18 horas, fazia, numa das grandes salas de sua casa, o culto do evangelho. Distribuía, assim, a infinidades de irmãos necessitados, o pão da vida e a água viva da verdade, contidos nas páginas santas do livro divino.

E, em silêncio, perguntávamos a nós mesmos: será que o culto acabou ou está na iminência de acabar por falta do seu sincero e abnegado iniciador e mantenedor?!

Fomos recebidos, emocionada e fraternalmente, pela digna viúva de Zeca Machado. Mostrou-se satisfeita com nossa presença, com o nosso gesto, tanto mais quanto sempre que ali estávamos, em Pedro Leopoldo, jamais deixáramos de assistir ao culto do saudoso amigo e irmão.

Contou-nos, emocionada, o feliz desencarne do marido, que se deu, como um prêmio de Jesus, justamente na hora do culto, com a casa cheia de irmãos. No leito, sentindo-se mal e certo do seu desencarne, pediu que o culto, na sala dos fundos da casa, fosse iniciado. E foi quando o mesmo terminou e todos dele se despediam, que Zeca Machado se libertou do corpo, serenamente, com um sorriso de triunfo, por haver deixado, como testemunho de sua passagem, dentro do seu lar, um poço da água viva, um templo para ser oficiada, diariamente, a grande mensagem de Jesus!

Por fim, particularizou-nos a abnegada viúva de Zeca Machado:

— O culto sentiu muito com sua ausência. Diminuiu muito a assistência. Fiquei, em certo momento, apreensiva com seu fracasso, com o seu término. Mas, de repente, os ausentes começaram a vir de novo, e até, para surpresa minha, uma irmã em quem Zeca colocava muito empenho em vê-la, assídua, nas reuniões, por notar que era uma ovelha transviada e que desejava salvar-se... E numa manhã, depois de faltar a várias reuniões, apareceu-me aqui para me dizer que sonhara com o espírito de meu marido e que este lhe dissera tantas coisas boas, que acordara chorando e com a intenção de jamais faltar às reuniões... Satisfeita com isso, fui recebendo, noutras manhãs, visitas de irmãos outros que me afirmavam haver sonhado com Zeca Machado e que desejavam colaborar comigo na tarefa da assistência aos pobres e doentes, mantidos pelo culto. Fiquei contente mas intrigada com tantos catequizados pelos sonhos de Zeca, e somente mais tarde, quando o Chico Xavier me visitou, é que traduzi todo o MILAGRE...

O Chico nada sabia do que se passava e foi me dizendo:

— Em Uberaba, no Centro, num momento de concentração, vi o espírito do Zeca. Estava lindo e quase lhe INVEJEI o estado espiritual. Abraçou-me e contou-me o seguinte: seu primeiro cuidado ao despertar do invólucro carnal foi pensar na sua família, no LUIZ GONZAGA e no CULTO DO EVANGELHO do seu lar. Sentia que sua falta, e não seu valor, poderia concorrer para desarmonizar a família, diminuir a freqüência do centro e acabar com o culto... E foi quando lhe apareceu o espírito querido de Bezerra, que o consolou, afirmando-lhe:

— Vou possibilitar, por vontade de Jesus, que você, pelos sonhos, continue sua tarefa. Pelos sonhos, você vai falar com seus familiares, inclusive com sua esposa, com os companheiros em pontos-chave dos serviços que deixou, e tudo vai acabar bem. *Vai sentir uma modalidade nova de servir a Jesus, através dos sonhos.* (O grifo é nosso)

— Chorei de contentamento. O Chico, sem saber, traduzia para mim a razão de ser das vitórias obtidas e por que tudo se encaminhava para fortalecer mais o culto e aumentar mais e mais a sua freqüência. Vivemos mais unidos no instituto familiar, mais ardorosos na realização do culto e dando ao LUIZ GONZAGA toda a nossa colaboração, sentindo que o mesmo segue sua missão valiosa para a qual foi fundado. Graças a Deus!

Saímos da casa tão apaziguada da viúva do saudoso e querido Zeca Machado com a alma repleta de bênçãos, de lições estimuladoras, de revelações das graças do amor de Deus!

58
A Coisa Mais Difícil

Ter dentro de si a Senhora Humildade. Aí está a prenda maior e mais difícil de se obter. Calar-se quando alguém nos ofende. Silenciar quando, no meio dos que maldizem, vence a maledicência. Tudo isso é revelador de luz na alma. E seu autor já tem Jesus no coração.

O Chico foi ofendido e nada respondeu. Bateram-lhe na face e ele ofereceu a outra, não revidando. E o ofensor, surpreso e até arrependido, exclamou-lhe:

— Você será mesmo Chico, de carne e osso? Por que não revida a ofensa?

— Porque — respondeu-lhe o Chico — depois o sofrimento virá em dobro para mim...

A Senhora Humildade, vestindo-lhe o espírito, deu-lhe força para resistir e inspiração para traduzir a vitória, que nos advém quando temos a felicidade de testemunhá-la.

O ofensor desabafa seu ódio e pensa-se vitorioso...

O ofendido, calando-se, sofre no momento para depois sentir-se, sim, com força moral para aconselhar e saber que foi o vitorioso com Jesus.

E, aos nossos ouvidos, ecoam as palavras santas do Divino Mestre, quando, ofendido e incompreendido, sofreu o maior dos martírios: EU VENCI O MUNDO, PORQUE FUI E SOU O AMOR!

59
Fluidos de Dois Burros

Em outubro de 1957, embarcou para Pedro Leopoldo, em visita primeira ao caro Chico Xavier, o caro irmão Pedro Muller, levando consigo Daniel Pinto dos Santos, jovem espírita petropolitano, portador de grave e desconhecida moléstia no coração...

Logo na primeira sessão, a que assistiu com Daniel, surpreendeu-se, verificando o desgaste do Chico e como perdia energia numa sessão que durava de 5 a 6 horas, pois começava às 21 horas e terminava às 2 da madrugada, não se falando nos abraços demorados que recebia dos doentes, com o intuito de receberem fluidos curadores...

Depois da sessão, que acabou mesmo às 2 horas, lá se foi o Chico com outros confrades a caminho da casa do André, seu irmão, para fazer uma "segunda sessão", e dar aos seus irmãos visitantes o conhecido e abençoado cafezinho...

Emocionou-se Pedro Muller quando Chico, ao sair do centro, o chamou para lhe dar o braço, o mesmo fazendo com um médico de São Paulo.

E assim foram até a casa do André, cada qual de um lado, abraçando o Chico.

Ao transpor a porta da casa do irmão, o querido médium mostrou-se satisfeito, como que refeito do desgaste físico sofrido. E exclamou:

— Vocês dois me reabasteceram o corpo. Deram-me bons fluidos materiais, fortes que são.

E Pedro Muller, justificando-se:

— Só podem ser mesmo fluidos de dois burros.

O médico paulista concordou. O Chico sorriu.

E a lição ficou no ar trabalhando o presentes.

60
Conserto Num Coração

A querida irmã NANÁ VIANA, proprietária do Hotel Viana, de Pedro Leopoldo, no qual se hospedaram, fez um chá de erva-doce para o doente Daniel, que freqüentou a sessão do Chico até o meio e veio dormir às 6 horas da manhã.

Melhorou um pouco com o chá e Pedro Muller, por precaução, chamou um médico da localidade, que compareceu e achou o Daniel gravemente enfermo e receitou-lhe remédios e repouso total...

O Chico foi avisado do que se passava.

Estava no trabalho da fazenda Modelo, e somente depois das 16 horas poderia atender.

Daniel começou a vomitar sangue. Hemoptises seguidas vieram. Muller, como nos declarou, viu seu irmão perdido, próximo do desencarne. E orou apreensivamente:

— Senhor, como poderei levar para Petrópolis, donde viemos, um cadáver! Como chegaremos lá e que sofrimento imenso iremos proporcionar aos nossos irmãos e familiares do Daniel! Socorre-nos, Senhor!

Daí a instantes, o Chico chegou. Concentrou-se e, por ele, o espírito querido de Sheilla deu presença, contagiando o ambiente de éter. Deu longo passe no enfermo. E pelo espaço de uma hora, ajudado por outras entidades, inclusive o espírito do Dr. Bezerra, procurou realizar algo no corpo do Daniel.

Sheilla despediu-se, pediu cuidados, oração e fé em Jesus, prometendo voltar mais tarde.

Daniel caiu num sono profundo.

Por volta de meia-noite, Chico voltou. O espírito de Sheilla, de novo, compareceu, examinou Daniel e disse:

— Com auxílio do venerável Dr. Bezerra, Deus permitiu que déssemos assistência ao nosso doente, que teve seu coração CONSERTADO. A hemoptise é resultante de uma pequena válvula que se rompeu, que se achava lesada e, em seu lugar, foi colocada uma outra plástica. Confiemos no amor de Jesus, que está pedindo a Deus por nós!

No dia seguinte, Daniel começou a melhorar. E, depois de uma semana de repouso, pôde viajar. E, com Pedro Muller e com o coração CONSERTADO, chegou a Petrópolis, alegrando e comovendo seus familiares e amigos, que se achavam assustados e apreensivos com a demora de ambos. E vive até hoje, graças a Deus, bem melhor do que vivia.

Começou a sentir mais amor pelo seu semelhante e, junto com Pedro Muller, se desdobra nos serviços do Senhor junto à juventude e do querido Centro Ismael e também da Livraria Oswaldo Cruz, da querida cidade serrana do torrão fluminense.

61
Jesus Quer Qualidade de Servidores

Três cadetes da Academia Militar de Agulhas Negras, chefiados pelo prezado confrade Otávio Ulisséa, conseguiram que Chico os atendesse.

Fomos com eles ao escritório da fazenda Modelo.

O sensível instrumento mediúnico achava-se enfermo, convalescendo ainda de grave moléstia, mas mesmo assim nos recebeu com seu sorriso acolhedor.

Quando os cadetes lhe disseram que necessitavam de sua presença na grande festa que iam realizar na Academia, e que seria uma bela propaganda para o espiritismo, o Chico amorosamente os advertiu:

— Jesus, meus jovens irmãos, não deseja nenhum discípulo conquistado à força. Cada um de nós tem de procurar o Mestre da Verdade espontaneamente, na hora exata. Depois, que vale a quantidade? Ele quer é qualidade de servidores, que lhe sejam leais, humildes, abnegados. Eu, desde os 18 anos de idade, venho lutando para tê-lo no coração e ainda não consegui... Não se preocupem, pois, com a quantidade, mas com a qualidade dos adeptos. Vocês, como me dizem, são apenas 30, num meio de 1.500 cadetes. Não desanimem. Se forem fiéis servidores, com a ajuda do alto, com seus bons exemplos, conquistarão os que já vivem, pelo menos, no clima compreensivo da verdade e capazes, portanto, de entenderem o chamado do Divino Emissário. No censo de 1946, apuraram 400 mil espíritas. Em 1950, 4 anos depois, 800 mil. E mais: vivemos num clima de liberdade e o Brasil, pelo seu governo democrático, já reconheceu, como religiosos, esses 800 mil[1] espíritas. Agora, somos, pois, mil servidores convictos, que tiveram a coragem de se dizer espíritas, de dar estímulos, nos testemunhos, para 40 milhões de companheiros de diversas crenças, que nos observam e de nós esperam exemplos que os levem às portas da terceira revelação.

Demos nosso humilde aparte, citando o que estava acontecendo na Espanha, Portugal, principalmente, em que a liberdade de crença era um mito...

E Chico continuou:

— Mas não esmoreçamos, lutemos com denodo e humildade, insensíveis ao MAU COMBATE, tudo perdoando e esquecendo, para sabermos amar e termos Jesus no coração!

---
[1] Ano de 1950.

62
A Escolha das Reses

Por fim, como despedida, contou-nos a história da escolha da reses, que valeu pela melhor e mais significativa das mensagens dirigidas aos moços espíritas, na hora presente:

— O Dr. Rômulo Joviano, quando diretor de nossos serviços na fazenda Modelo, convidara-me, certa vez, para assistir, com ele, à escolha das reses, que deveriam lhes dar os modelos selecionados de seu grande rebanho.

Comparecemos ao local em que se aglomeravam bois e peões, grande número de serventuários especializados no assunto. Depois de muita luta, em que eram observadas, com atenção, todas as reses, alguém localizou uma mais moça, cheia de vida, com os requisitos necessários.

Os peões, montados em fortes cavalos, auxiliados por outros a pé, começaram o cerco.

A rês escolhida, focada, sentiu o martírio da perseguição. Lutou quanto lhe foi possível, fugindo, esgueirando-se, escapulindo dos laços, das armadilhas, das chuçadas... Por fim, apanharam-na. Estava com um dos chifres quebrado, sangrando, com o corpo todo cheio de manchas dos choques que recebera. Amarrada, gemendo, vencida, foi jogada ao chão e aí ficou à espera do carimbo da Fazenda, que iria classificá-la como a ESCOLHIDA.

O ferro, em brasa, apareceu. Marcaram-na. Um cheiro de carne queimada, acompanhado de berros da rês classificada, deu como terminada a tarefa.

Agora, marcada, selecionada, iria ter uma vida de reclusão; ver-se-ia vigiada, analisada. Seria diferente sua vida. Seus gemidos eram bem os prenúncios do martírio que, antecipadamente, sentia e iria encher sua nova existência...

Emmanuel, sempre útil e bom, diz-me:

— Observe a lição. No rebanho do Senhor acontece o mesmo quando é escolhido o servidor, como a rês do rebanho de César. Sofre logo de início os primeiros martírios, os sofrimentos primeiros da incompreensão, do isolamento. Mas tem de servir, testemunhar... Foi o escolhido e o preço da escolha é a dor, a luta, o exemplo, o sacrifício!...

Jesus é o nosso grande exemplo! Unidos a Ele, testemunharemos e venceremos! Não há glória maior!

63
As Duas Irmãs da Lapinha

Residiam perto de Pedro Leopoldo, no lugar chamado Lapinha, duas irmãs solteironas e já velhinhas. Viviam isoladas, porque não gostavam de conviver com os vizinhos. E, quando adoeciam, sofriam, por isso, a falta de alguém que as consolasse e as assistisse.

Certa vez, gravemente doentes, chamaram o Chico para lhes dar um passe.

O Chico atendeu-as, indo uma vez por semana levar-lhes sua colaboração. Dava-lhes os passes e depois, conselhos amorosos. Esse procedimento do querido médium concorreu para que melhorassem física e espiritualmente.

E conta-nos o humilde servidor de Jesus: quando dava-lhes o passe, à minha frente vinham as visões de suas encarnações passadas. Foram espanholas e pertenceram à nobreza. Insensíveis ao sofrimento alheio, fugiram à tarefa cristã de beneficiar os que as serviam. Foram impiedosas, cruéis. Nem souberam ser mães, pois seus filhos, por falta de assistência materna, acabaram falindo e aumentando suas faltas. Vieram, pois, desta vez, com a prova de SOLTEIRONAS e pobres, desprovidas de recursos financeiros, para aprenderem a ter piedade, a ser melhores... Felizmente, tempos depois, antes de desencarnarem, quando as visitei por último, entenderam os revezes, a razão de ser do seu isolamento e terminaram seus dias convivendo com seus vizinhos e conquistando algumas amizades.

64

A Analfabeta e a Educada

Chico passava defronte do Grupo Escolar de Pedro Leopoldo, quando uma das diretoras o chamou e lhe contou o seguinte:

— Hoje, pela manhã, apareceu aqui uma senhora mãe de um aluno preguiçoso e malcriado. Quando soube que seu filho fora reprovado e que sou uma das diretoras, sem deixar que eu lhe respondesse, desbocou-se:

— A senhora é uma diretora incompetente. Não pense que valha alguma coisa; não vale um vintém... nada. — Depois que esgotou seu repertório de insultos, concluiu, gritando para a rua toda ouvir:

— E não me diga nada, ouviu? Porque eu sou *analfabeta,* nada sei, não tenho obrigação de ser delicada. Mas a senhora é EDUCADA e espírita. Fique, pois, bem *caladinha*...

E partiu, deixando-me surpresa, e ao mesmo tempo *tocada* pelo inesperado da CONTENDA.

— Oremos, Chico, por nós e por ela, pois somos EDUCADOS e ESPÍRITAS.

— Sim, minha irmã, sabemos muito, já ganhamos muito. Oremos e vigiemos e que a lição nos sirva de remédio à doença da nossa vaidade...

65
O "Não Matarás"

I

Nossa esposa perguntou ao Chico como interpretaria o NÃO MATARÁS, até no caso de uma ave, pois que chamada a este sacrifício, sentia sempre remorsos, mal-estar...

O Chico contou-nos, então, que quando uma de suas irmãs estava para dar à luz, foi chamado para lhe dar assistência espiritual. Compareceu, deu-lhe passes e providenciou o comparecimento da parteira. A irmã foi bem-sucedida e desejou ficasse o médium, por mais algum tempo, em sua companhia, tanto mais que uma senhora, que lhe servia, era inexperiente, incapaz de matar uma galinha. Apelou para o concurso do médium, mas ele também não se sentia com coragem, pois nunca matara coisa alguma. Foi uma luta. E a parturiente argumentava: se não tomar uma canja morrerei de fraqueza... Mas Chico não cedeu, argumentando:

— Se você tiver de desencarnar neste momento, o fará tomando ou não a canja...

Providenciou-lhe outro caldo e a galinha escolhida para o sacrifício foi poupada, daquela vez...

Continuando à baila o assunto do NÃO MATARÁS, contou-nos ainda que, com a saída de um livro, em Belo Horizonte, que condenava a matança dos animais, vários confrades se alvoroçaram e o procuraram, entre eles o querido Irmão Aly Halfed, de Juiz de Fora, que, nessa fase dirigia o LAR DE JESUS, grande obra assistencial de vulto e mérito cristãos. O estimado confrade Aly mantinha essa obra com a renda de uma criação de porcos, obra que até hoje ali está, beneficiando criaturas necessitadas.

O polígrafo de Pedro Leopoldo, agora em Uberaba, considerou a consulta como oportuna e útil, e pediu a Emmanuel uma orientação. O apreciado autor de HÁ DOIS MIL ANOS esclareceu:

— Não devemos traduzir ao pé da letra a recomendação evangélica. Por muitos e muitos anos ainda precisaremos da carne e do sacrifício dos animais para o nosso sustento. Atualmente, dada essa necessidade, o contrário possibilitaria sacrifício maior. Não podendo matar os animais para seu sustento, os homens acabariam COMENDO uns aos outros... Então...

II

Ainda sobre o mesmo assunto, o Chico entreteve elucidativa palestra com seu amigo Dr. Walter, que supervisionava grande criação nos arredores de Pedro Leopoldo, e que lhe explicou por que é por enquanto a favor da matança dos animais. Há tempos, ele evitou matar animais. Por muitos meses, viveu em observação cuidadosa sobre eles. E verificou que sofriam muito, uns vítimas de tuberculose, outros de furunculose, do câncer, da desinteria e de outras doenças. E como sofriam! Davam dó! Não lhes podia dar cobertores, abrigos necessários. Eram como que votados àquele sacrifício de morrer para sustento do homem. E cheguei à conclusão de que era preciso continuar a matança, destiná-los ao alimento da população, antes que adquirissem as enfermidades maiores a que estavam sujeitos...

66
Ação e Reação

Na livraria do LUIZ GONZAGA, numa noite de sessão, fomos apresentados a uma senhora distinta, moça, aparentando ter boa saúde. Depois da apresentação, inteiramo-nos de sua dolorosa prova. Trazia no corpo, com especialidade nos braços, vestígios de recentes operações...

Espírita convicta, compreendendo pela intuição e através dos sonhos suas dívidas passadas, mostrava-se-nos consoladíssima com sua vida. Toda semana, aos sábados, era submetida a uma operação num dos hospitais de Belo Horizonte. Os médicos extraíam-lhe, de dentro dos tendões nervosos, um verme parecido com um pequeno camarão. Seu corpo já estava com infinidades de cicatrizes. Mostrou-nos um lugar do pescoço, apontando-nos um verme que deveria ser extraído... Esse verme se fazia sentir sempre numa quarta-feira. Daí em diante, não a deixava sossegada, trazendo-lhe dores atrozes, até ser arrancado num sábado...

Ciente e consciente de sua prova, foi a nossa irmã esclarecida pelo médium, que, ouvindo seus mentores espirituais, lhe disse:

— Você, minha irmã, pediu essa prova, pois, em vidas passadas foi uma fazendeira muito rica e ciumenta. Em virtude de seu marido, nessa ocasião, que é o mesmo de hoje, simpatizar-se com uma escrava moça, portadora de beleza invulgar, você, roída de ciúme, a enclausurou num dos quartos da fazenda, em lugar ermo, e deixou-a morrer de sede e fome... Com o desaparecimento inopinado da serva, houve alarme e busca. O quarto foi localizado e aberto e daí foi encontrado o corpo da bela escrava todo coberto de vermes...

Depois desse relato, nossa irmã ficou mais animada e convencida de que pedira, nesta encarnação, o ressarcimento de sua grande falta, e desde que, resignada, desse de si um testemunho adotando como filha uma criança mulata, ficaria de vez curada...

De fato, mais tarde, fomos vê-la livre da prova cruel, já de todo curada e com uma filha mulatinha ao colo, que adotara.

67

Chico Xavier é Preso... Por Engano

Poucos confrades sabem desse detalhe da vida de nosso querido médium.

Estava ele a serviço da fazenda Modelo, acompanhado do Dr. Rômulo Joviano, na cidade de Curvelo, Minas, que inaugurava uma grande exposição. Toda Minas Gerais se fizera representar ali, através do que possui de belo e útil nas suas riquezas minerais, vegetais e animais. Pedro Leopoldo enviou-lhe uma coleção de gado selecionado e reprodutor.

Numa manhã, após sua chegada à bela cidade, Chico desejou fazer uma prece em plena natureza, num canto solitário, longe do burburinho humano. Viu, ao longe, numa fralda de morro, o Cruzeiro da Igreja de S. Geraldo.

Achou-o silencioso, ótimo lugar para orar. E para lá se dirigiu. Sentou-se num banco, ao lado do Cruzeiro e olhou a cidade com seu casario multicor, suas ruas sinuosas e estreitas, com seus inúmeros habitantes iniciando, num afã abençoado, as lides cotidianas. Orou comovidamente. Quando terminou e ia retirar-se satisfeito, deparou com dois soldados que o observavam curiosos... E um deles, disse: — É ELE — e lhe deram voz de prisão... O médium procurou defender-se, humildemente, dizendo-lhes que ali fora apenas para orar, mas nada adiantou...

— Não — revidara-lhe um dos soldados — você é o HOMEM que procuramos, que assaltou anteontem a casa comercial do Dr. Ibraim. Olhe para este retrato e verifique se não parece com você... Acompanhe-nos à Delegacia, para explicar melhor seu delito ao delegado...

O pobre Chico quis objetar, delicadamente, mas Emmanuel lhe apareceu e lhe disse: — Não resista, acompanhe-os. Aceite tudo por amor a Jesus. E, enquanto o prendem, receberão auxílio espiritual para apurarem a verdade e evitarem *maior mal...* Testemunhe sua crença.

O médium acompanhou, resignado e confiantemente, os soldados que não o conheciam e estavam apenas cumprindo ordens...

E chegando à Delegacia, encontrou o Dr. Rômulo, que aflito o procurava por toda a cidade, acabando por ir buscar o auxílio das autoridades locais. Desfez o mal entendido, revelando a identidade de seu leal servidor. O delegado e os soldados surpreenderam-se. Então aquele moço era o Chico Xavier, o conhecido e estimado médium! Pediram-lhe desculpas, abraçaram-no juntamente com o Dr. Rômulo e retiraram-se...

As autoridades policiais chegaram em seguida à conclusão de que não houvera nenhum assalto. Outro, que não o Chico, iria pagar inocentemente pelo falso assalto e apanhar para confessar algo que não fizera...

O auxílio do alto, como afirmara Emmanuel, desfez o mal-entendido e evitou, com a prisão do médium que o *mal fosse maior...*

68

Se Fosse Preso
(caso Humberto de Campos)

Durante o chamado *Caso Humberto de Campos,* em que vivera horas de sustos e apreensões, Chico, sem que esperasse, recebeu a *carta precatória* chamando-o para se defender... Por intermédio da Federação Espírita Brasileira, já havia passado procuração ao Dr. Timponi para representá-lo em juízo. Mas, mesmo assim, o recebimento daquela carta e os comentários alarmantes que ouvia, aqui e ali, nos lares e nas casas comerciais de Pedro Leopoldo, concorreram para o assustar...

Viu-se, pois, preso, olhado com desprezo, com zombaria e curiosidade por uns e outros, e alguns até com piedade... Refugiou-se no seu quarto e orou, com humildade e fé. Emmanuel, no final da prece, lhe apareceu e o médium considerou:

— Meu pai, será que serei preso, aqui, em Belo Horizonte ou no Rio?... Estou receoso, apreensivo. Se for aqui, talvez sofra menos, porque sou conhecido e todos os irmãos são piedosos, compreensivos, mas se for no Rio...

Seu guia, pai e amigo, como o médium o vê e o considera, sorrindo o acalma, dizendo-lhe:

— Você, meu filho, ainda é uma planta muito fraca para suportar a força das ventanias... Tem ainda de lutar muito para um dia *merecer ser preso e morrer pelo Cristo!*

Diante da grande lição recebida, o experimentado médium sentiu-se pequenino e chorou...

Deixamo-lo sentindo-se como uma gota de água no oceano das provas martirizantes e testemunhais, dizendo a nós mesmos:

— Se você ainda não tem mérito para sofrer, ser preso e morrer pelo Cristo, que diremos de nós, que nem de leve o podemos imitar!...

69

Chico Xavier na Fundação Marieta Gaio

Em 19 de setembro de 1973, Chico Xavier foi recebido na FUNDAÇÃO MARIETA GAIO, a fim de autografar seus cento e tantos livros já psicografados e dar, assim, recursos financeiros àquela casa de caridade cristã, que realiza em nosso meio espírita uma obra social de grandes benefícios.

Lá estivemos, juntamente com a esposa e o casal Álvaro Conceição e esposa. Havia grandes filas de irmãos ansiosos para adquirir livros autografados pelo Chico e ajudar à benemérita fundação. Vimos, na fila, muitos irmãos nossos conhecidos daqui do Rio e do interior, das cidades de Barra do Piraí, Barra Mansa, Volta Redonda, Valença, e outras.

Conseguimos, depois de horas na fila, nos avistar com Chico Xavier que, junto com Yvone Pereira, autografava seus livros, dando a cada irmão um abraço e uma palavra de carinho e estímulo.

Observamos que, consciente ou inconscientemente, Chico medica, incentiva, delicadamente adverte, através de um gesto de afago e uma palavra adicional, sempre inspirada e bem-posta. Observamos mais: que muitos irmãos, antes tristes, desanimados, depois do convívio com o humilde médium se mostravam sorridentes, animados, felizes, fazendo-nos crer que quem tem amor irradia amor, distribui amor, fala e abraça com amor. Exterioriza amor pelos olhos, pela fala, pelo abraço e pelo pensamento.

Psicografou das 13 horas às 2 da madrugada, descansando, às vezes, alguns minutos, para matar a sede e tomar algum alimento leve.

No final, a pedido dos diretores da fundação, recebeu mensagens e ainda belíssimas quadrinhas de vários poetas desencarnados, com o estilo, a cultura e a maneira típica de versar de cada um. Como um presente aos leitores, a seguir as transcrevemos.

70

Verdade e Amor

Cada poeta procurou ressaltar na sua quadra o que seja a verdade e o amor, para triunfar o amor que sabe e a verdade que ama, binômio feliz que somente possui quem, como o Chico, já vive com e por Jesus, servindo e servindo sempre, dando de si sem pensar em si. E as quadras inspiradas e felizes aí estão, homenageando o que ali estava acontecendo: verdade e amor, esclarecimentos e carinho. Graças a Deus!

Perante os Céus, a verdade
não é fogo que se atiça.
Com Jesus, a caridade
é o coração da justiça.

Marcelo Gama

Sonhos, planos, teorias:
Valores postos no ar...
A verdade está no tempo,
o tempo é que vai contar.

Sylvio Fontoura

Quem conhecendo a verdade,
ajuda e ama a quem erra,
já começou a ser anjo
embora viva na Terra.

José de Castro

Verdade que rege a todos
por leis e efeitos exatos:
cada pessoa recolhe
o fruto dos próprios atos.

Luiz de Sá

Deus conhece em todo tempo
a verdade justa e certa,
mas nos deixa a cada um
o esforço da descoberta.

Deraldo Neville

O Céu auxilia os homens
por esta dupla divina:
a verdade mostra sombra,
o amor socorre e ilumina.

Vivita Cartier

Quando a verdade se veste
na paz com que nos alcança,
recorda orvalho celeste
que nos alenta a esperança.

Meimei

Remédio da humanidade
com que Deus suprime a dor:
uma gota de verdade
em cada litro de amor.

Luciano dos Reis

Bendita a palavra santa
que aponta o sol do porvir,
que surge, ampara, levanta
e apóia sem destruir.

Benigna da Cunha

Disse Jesus: "A verdade
todos livres nos fará..."
Cada qual tem o seu dia,
quem ama compreenderá.

Auta de Souza

Verdade que vem do amor
sempre a serviço do bem
ajuda em qualquer lugar,
não atrapalha a ninguém.

Casimiro Cunha

Amor que a verdade fira
com desenganos fatais,
perdoa qualquer mentira
e espera servindo mais.

Américo Falcão

Em verdade, o amor perfeito
é aquele afeto sem fim,
que nos conhece o defeito
mas nos ama mesmo assim.

Quem busque paz sobre a terra,
note a lição de Jesus:
ensino em luz de verdade,
amor em forma de cruz.

Jésus Gonçalves

Que o Divino Poeta, que é Jesus, abençoe Francisco Cândico Xavier, que lhe interpreta com amor seu discipulado de servir à verdade.

71
No Centenário da Codificação do Espiritismo

Como espíritas convictos e sinceros, por misericórdia de Deus, temos recebido muitas graças, muitos esclarecimentos quanto ao mal que já fizemos, ao bem que deixamos de fazer e o dever que, agora, nos cabe realizar, nesta última hora que nos resta.

Já OUVIMOS muito. Já RECEBEMOS além do que merecemos. E hoje PRECISAMOS trabalhar bastante, aproveitando o prêmio das HORAS, saindo do reduto acanhado da teoria para o imenso e abençoado campo da prática da doutrina, que tanto nos consola quanto nos instrui, redime, salva e felicita.

Face a essa REALIDADE, Emmanuel, como que falando por nós, em prece sentida e inspirada, feita no término da sessão solene da inauguração da nova sede da UNIÃO ESPÍRITA MINEIRA, em Belo Horizonte, na antevéspera do PRIMEIRO CENTENÁRIO DA CODIFICAÇÃO DO ESPIRITISMO, que estávamos memorando, pelo lápis de Chico Xavier, pedia a Jesus:

"AUXILIA-NOS, ASSIM, MESTRE, A CULTIVAR O CARÁTER ACIMA DA CONVICÇÃO E O EXEMPLO ACIMA DAS PALAVRAS."

E o Divino Amigo lhe ouviu a rogativa humilde e está ouvindo a de quantos lhe sentem o apostolado salvador e anseiam, na glória de servir, pela conquista da paz do dever cumprido e pela do título de cristão em Cristo como a "vitória vitoriosa das vitórias".

Não sentimos, pois, nenhuma surpresa, mas um comovido estado de bom ânimo, quando, em 100 vezes que abrimos o Evangelho, em sessões familiares ou públicas, traduzindo a nossa responsabilidade de chamados ao BOM COMBATE, nos vêm, em 99 vezes, esses conselhos, esses mesmos e sempre bem-vindos conselhos de Jesus.

Muito se pedirá a quem muito foi dado. Quem olhar para trás, isto é, não se cuidar e perder o roteiro da porta estreita, revidando ofensas e guardando mágoas, trocando o Mestre na luta por um prato de lentilhas, na comodidade, perderá a visão luminosa do clima cristão e não poderá ser o discípulo do Amigo Celeste e nem entender os INFORTÚNIOS OCULTOS de seus co-irmãos de romarias e medicá-los, testemunhando o trabalho diferente com Jesus.

Irmãos e amigos, em verdade vivemos a nossa ÚLTIMA HORA! SURSUM CORDA! Testemunhemos o que aprendemos, o que ganhamos como gratidão ao Mestre, em prol de nossa libertação e salvação!

Ele nos chama e nos experimenta!

E se dermos exemplos e passarmos, triunfantes, nos seus testes experimentativos, Ele far-nos-á sentir, enchendo-nos de luz, que estamos com Ele, hoje, amanhã e sempre!

Que assim seja!

72
Primeiro Centenário do Espiritismo

E recebendo do prezado médium as palavras do seu guia Emmanuel, demo-nos pressa de enviar-lhe cópia da página a seguir, com a qual homenageamos, ou procuramos homenagear, o grande evento.

"A Graça de Deus tem sido imensa para conosco.

Mandou-nos Moisés, simbolizando Sua justiça.

Depois, enviou-nos Seu grande amor, na pessoa imaculada de Jesus.

E, mais tarde, personificando a verdade, consubstanciada na Sua justiça e no Seu amor, permitiu que até nós viesse Allan Kardec, que codificou o espiritismo, efetivando, assim, a chegada do CONSOLADOR.

A nossa história, revelando a grande explosão do amor de Deus, divide-se assim em três fases:

1ª Antes e depois de Moisés

2ª Antes e depois de Jesus

3ª Antes e depois de 18 de abril de 1857.

Nesta altura, quando já ouvimos três vozes, três enviados, quando já recebemos além dos nossos merecimentos, somos convidados a praticar o que ouvimos.

A teoria é a promessa.
A prática é a realidade.
O verbo esclarece e instrui.
A ação educa e salva.
A convicção fala ao crente.
O caráter legitima o cristão.
A palavra é a vida do hoje que passa.
O exemplo é a imortalidade do hoje que fica.
Uma fala e faz pensar e abala.
O outro, testemunhando, faz sentir e catequiza.

A hora é, pois, do exemplo, da prática, da formação do caráter, do testemunho, com e por Jesus, que viveu em atos a vida da justiça, do amor e da verdade de Deus, na caridade suprema do Seu apostolado!

Imitemo-lo; é o nosso dever!"

73
Silencie, Não Fale Nada

De nosso livro O AMOR DE NOSSAS VIDAS, extraímos o lindo caso abaixo.

Terminamos nossa crônica passada, lembrando-nos de que, pelo uso que fizéramos da língua, estaremos escolhendo a Jesus ou Barrabás.

Precisamos santificar o verbo, que deve ser criador e não destruidor.

Faz-se necessário policiarmos a língua, procurando manter o coração e a mente no caminho reto, no clima dos anseios elevados, olhando a vida do CIMO DO MONTE de nossas responsabilidades.

Os espíritos, olhando a razão de ser de nossos fracassos e de nossas enfermidades, pedem-nos que vivamos a nossa hora de autodisciplina, a fim de que caminhemos, progridamos, crescendo em espiritualidade.

A língua, no dizer de Latino Coelho, é a mais terrível das armas, quando a serviço do mal.

É ela que nos induz, quase sempre, por meio de conversações maledicentes, a perder o nosso dia, a nossa semana, o nosso mês, o nosso ano, a nossa prova...

Cria a palavra e esta tece a rede de nossos ideais de amor ou de ódio, estimula o nosso anjo ou o nosso demônio, oferecendo-nos o programa de Jesus ou de Barrabás...

Faz-se necessário, pelo nosso bem, saber conversar, saber falar, utilizando a palavra no rigor da disciplina cristã, para que ela não zombe, não calunie, não ridicularize, não fira; antes console, esclareça, beneficie, premie, exalte e nos eleve.

Pela palavra, diz-nos Emmanuel, seremos conhecidos e nos identificaremos com quem vivemos: se com Jesus, se com Barrabás...

O Divino Amigo legou o evangelho ao mundo CONVERSANDO, escreve o iluminado autor de PAULO E ESTEVÃO.

Precisamos, pois, PREZAR a palavra, traduzir o uso cristão da língua, falando bem de tudo e de todos ou fazendo-a SILENCIAR...

A má conversação na hora atual preside às nossas reuniões, vive conosco em nossos lares, ainda conosco nas ruas, reside conosco nos setores de trabalho, dá-nos sua presença até no ar que respiramos...

Quem agir ao contrário, será tachado de OBSEDIADO...

Um exemplo, a seguir.

Certa vez, um grupo de confrades procurou o Chico Xavier, justamente numa ocasião em que Pedro Leopoldo, como todo o Brasil, vivia o clima das eleições...

E a conversação foi sobre POLÍTICA, maledicência, em redor da personalidade de um conhecido POLÍTICO...

Cada um dos presentes trouxe à tona um defeito do irmão ausente. E o justificava com detalhes dolorosos. Chegou a vez do Chico opinar...

E o querido médium, envolvido, sem querer, num clima inferior, ia falar sem o intuito de ferir o ausente, quando Emmanuel, seu valoroso Guia, lhe aparece e diz: SILENCIE, NÃO FALE NADA...

E Chico Xavier, um pouco pálido, tartamudeou alguma coisa e calou-se... Os presentes entreolharam-se surpresos e apiedados... E, um dentre eles, alvitrou: VAMOS DAR PASSE NO CHICO. ELE ESTÁ DOENTE, VÍTIMA DE UM OBSESSOR...

Deram o passe e saíram. Na rua, comentaram: VEJAM SÓ: ATÉ O NOSSO CHICO É VÍTIMA DE OBSESSORES... VIRAM COMO QUIS FALAR E NÃO CONSEGUIU, TOMADO QUE FOI POR UM ESPÍRITO INFELIZ?...

Dentro de casa, no entanto, abraçando o Chico, Emmanuel concluiu-lhe o conselho:

— VOCÊ ESTÁ COM JESUS. E, por isso, precisa cuidar da língua. E, porque calou-se a tempo e não ajudou seus irmãos na maledicência, está passando por OBSEDADO... Mas é preferível, porque junto a Jesus você SANTIFICOU O VERBO CRIADOR.

A caridade, antes de chegar às mãos, aos olhos, à mente, aos pés, aos ouvidos e ao coração, precisa passar pelo verbo, pela língua.

Se não como olharemos, como pensaremos, como andaremos, como ouviremos, como sentiremos, como falaremos, com Jesus ou Barrabás?...

E que daremos de nós, pela nossas mãos, se não estivermos totalmente com o grande amor?

Que o exemplo nos sirva como preciosa lição, para continuarmos lutando conosco mesmos à vitória da santificação de nossa língua!

74
O Sacrifício Mais Agradável a Deus

De nosso livro OS MORTOS ESTÃO DE PÉ, colhemos os dois lindos casos abaixo.

O querido irmão Bady Elias Curi realizou, na sua existência de pouco mais de sessenta anos, o SACRIFÍCIO MAIS AGRADÁVEL A DEUS.

Conhecemo-lo, de uma feita, em Pedro Leopoldo, numa das Sessões do LUIZ GONZAGA, quando Chico Xavier no-lo apresentou.

Logo de início o estimamos. Fisionomia simpática, irradiando bom ânimo, confiança no amor de Deus, predisposição nata em socorrer, em ser útil, em fazer o bem. Em poucos instantes de convívio inteiramo-nos da sua grandeza de alma e tanto mais o admiramos quando, comentando a lição da noite, do capítulo de *O Evangelho Segundo o Espiritismo,* dissertara com mestria e bom senso, com uma interpretação feliz, relevando também ser possuidor de grande e seguro lastro espiritual, sobre o SACRIFÍCIO MAIS AGRADÁVEL A DEUS, que nos pede, sintetizando-o: IDE RECONCILIAR-VOS COM O VOSSO IRMÃO, ANTES DE PORDES A VOSSA OFERENDA NO ALTAR. Contara, para os presentes, a respeito, lindos casos, inclusive como conquistara vários de seus adversários, discretamente, sem saber, fazendo-lhes favores, orando por eles, porque assim lhe exigira a doutrina consoladora, que é o Espiritismo.

Viajamos, com ele para Belo Horizonte e, no dia seguinte, juntamente com a prezada esposa, fomos conhecer a UNIÃO ESPÍRITA MINEIRA, com sede própria à rua dos Guaranis, 315, e vimos, então, como era estimado pelos seus companheiros de diretoria e demais confrades pertencentes à CASA MATER do espiritismo mineiro.

Com ele, possuidor de grande força moral, a UNIÃO realizou sessões práticas com assistência numerosa e com resultados auspiciosos.

Que o Divino Mestre abençoe seu verdadeiro servidor, que foi para nós um espelho, um exemplo de espírita lutador, tanto convivera com o humilde polígrafo de Pedro Leopoldo e lhe herdara, por isso, as virtudes de cristão em Cristo Jesus!

75
Um Sonho, Uma Flor e Um Lindo Caso

Em nosso livro, LINDOS CASOS DE CHICO XAVIER, contamos como o querido médium pagou uma dívida de 11 cruzeiros, que era da luz e da casa onde morava com seu querido irmão José, desencarnado.

Anos depois do desencarne de José Xavier, Chico atravessou uma fase de vida bem dolorosa. Ganhava pouco e era responsável pela vida econômica de seu lar. Possuía apenas duas mudas de roupas. Enquanto uma estava no corpo a outra estava na lavadeira...

Um ladrão de roupas alheias e que depois, a conselhos do estimado médium, modificou-se, de uma feita roubou, com outras, as últimas que Chico possuía e que estavam no varal de sua casa...

Por saberem de sua proteção ao conhecido larápio, a família Xavier nada fez para que ele tivesse uma nova roupa...

Os dias passavam e Chico ficava apreensivo...

E sonhou com seu irmão José que, apiedado pelo acontecimento, lhe recomendou o seguinte:

— Quando você acordar, procure obter uma flor, mesmo do mato, faça uma prece em intenção de alguém que você conhece e estima e lhe ofereça essa flor. E espere que o resultado vai ser beneficial para você...

Chico acordou satisfeito, arranjou uma flor, orou a favor de seu amigo farmacêutico e o procurou dizendo-lhe:

— Levantei-me, hoje, orando a seu favor e com vontade lhe dar uma flor.

O farmacêutico, emocionado, abraçou o Chico e cada qual foi para seu lado.

Na manhã seguinte, Chico foi acordado com alguém que lhe batia na janela do quarto. Abriu-a. Era o farmacêutico com um grande embrulho que lhe disse:

— Observei, Chico, que você anda necessitado de uma roupa e, em retribuição ao seu belo presente da flor e da prece a meu favor, trago-lhe um terno, que peço aceitá-lo, por favor.

Chico aceitou-o. Emocionou-se também. E, desde aí, começou a receber sapatos e roupas usados e jamais teve necessidade de andar com vestes sujas.

Mais tarde, soube que o larápio que lhe roubara as roupas, encontrara num dos bolsos um bilhete: VÁ COM DEUS, e nunca mais roubara, para, então, como o Chico lhe desejara, VIVER COM DEUS!

76
De Nossas Entrevistas

A bem-feita *Revista Internacional de Espiritismo,* do mês de novembro de 1967, trás uma entrevista conosco e na qual, entre outras coisas, nos perguntam:

— Por que escreveu os LINDOS CASOS DE CHICO XAVIER? Quanto tempo lhe tomou anotar todos aqueles dados?

E respondemos, assim, ao nosso querido confrade e jornalista Wallace Rodrigues:

— Em meu livro, LINDOS CASOS DE CHICO XAVIER, cuja 1ª edição saiu em 1955, explico o motivo por que o escrevi. Correspondi-me com o Chico desde 1931. E somente fui conhecê-lo em novembro de 1944. Logo em nosso primeiro encontro, Chico me narrou lindos casos, que anotei mentalmente. De 1944 a 1954, indo a Pedro Leopoldo várias vezes por ano, a serviço do departamento de ensino da E.F.C.B., que era por mim supervisionado, exigindo que eu criasse, em toda Estrada através dos estados do Rio, São Paulo e Minas, que ela percorre, cursos de alfabetização, consegui estar sempre com aquele querido médium e dele ouvir lindos casos. Depois fui anotando aos poucos essas narrativas. Verificando sua preciosidade e as lições emocionantes que trazem para a nossa reforma íntima, iniciei a tentativa de colocá-los em livro. E levei 10 anos nesse afã. Graças a Deus consegui meu intento, e hoje verifico sua necessidade, pois se não o fizesse, muitos desses casos estariam deturpados e até esquecidos.

oOo

O professor e escritor Newton Boechat, pelo jornal A FLAMA, de abril de 1970, também em longa entrevista conosco, nos fez a seguinte pergunta, entre outras, sobre o Chico:

— Você realizou, uma ou algumas vezes, peregrinação em companhia do Chico Xavier, às cercanias de Pedro Leopoldo, levando amparo material e moral aos necessitados?

E a nossa resposta foi:

— Várias vezes, com a cara esposa e vários confrades de Franca, Belo Horizonte, Rio e Petrópolis, tomamos parte nas peregrinações do Chico, indo até as imediações da Ponte, junto à Fábrica de Cimento Cauê e no Morro das Viúvas, recebendo aí emocionantes e consoladoras lições e prevendo que, conforme já escrevemos, um dia o Brasil Espírita há de adotar essas peregrinações desejadas pelo nosso caro irmão Pedro Richard, quando encarnado, na COLUNA DE LUZ da ASSISTÊNCIA AOS NECESSITADOS DA F.E.B., como uma maneira verdadeiramente cristã de bem servir, às escondidas e à noite, no próprio local, os necessitados, num clima de oração e explicação das verdades do evangelho, para não humilhá-los.

77

Carmem Cinira e sua Próxima Encarnação

De nosso livro SEAREIROS DA PRIMEIRA HORA, transcrevemos os dois casos abaixo.

Os prezados irmãos que, efetivamente, pertenceram ao GRUPO MEIMEI, de Pedro Leopoldo, presidido pelo caro irmão Arnaldo Rocha e com a presença de Chico Xavier, assistiram às reuniões mais formosas, emotivas e beneficiais que ali se realizaram até o ano de 1959.

Não tivemos a felicidade de pertencer ao seu grupo efetivo de apenas uma dúzia de irmãos, porque não estávamos no dia da sua inauguração.

Todavia, vez por outra, conseguíamos nos inteirar de seus benefícios e receber remédios para a saúde do corpo e festas inesquecíveis para nosso espírito.

Em casa do querido Pachequinho, alma de artista nato, casado com Lucília, abnegada irmã de Chico, com Zezé, ouvimos extasiados e sensibilizados, do gravador daquelas sessões maravilhosas, poesias de vários poetas desencarnados, recebidos pelo querido médium, através dos seus dons psicofônicos, em que se fazem legitimar suas presenças e seus trabalhos, conseguindo deixar gravadas suas vozes com o timbre exato de quando estavam encarnados.

A cultura, a inspiração e o timbre exato de Castro Alves, de Amaral Ornelas e, principalmente, de Carmem Cinira, são de fazer chorar, como aconteceu conosco, ouvindo suas poesias gravadas e recebidas pela mediunidade extraordinária de Francisco Cândido Xavier.

Soubemos, depois, por alguns queridos irmãos, assistentes das sessões do MEIMEI, que Carmem Cinira, depois de declamar as encantadoras quadras de seu poema PERDOA SEMPRE, deixou entrever aos presentes, veladamente, que se achava em processo preparatório para, em breve, reencarnar com uma leva de outros poetas simpáticos ao espiritismo evangélico e que iriam trazer na mão esquerda O LIVRO DOS ESPÍRITOS, na direita o ESPERANTO e no coração o livro de nossa redenção, O EVANGELHO SEGUNDO O ESPIRITISMO.

É por isso que assistimos, maravilhados, ao nascimento, de 1960 para cá, de crianças trazendo um brilho diferente nos olhos e uma fisionomia e um adiantamento espiritual fora do comum.

Que as mães, principalmente, observem isso e dêem toda assistência aos seus queridos filhos, porque estão recebendo reencarnados, em missões valiosas, muitos poetas, muitas liras de ouro, para realizarem um expressivo e grandioso SERVIÇO DO SENHOR!

78

A Serviço do Senhor!

A estimada confreira Esmeralda Bitencourt já havia passado para a vida verdadeira. Antes, recebera de Chico Xavier muita consolação e esclarecimento de suas encarnações, inclusive a que se refere ao reinado de Carlos IX, em que foi dama de companhia de uma rainha e, com seu prestígio de dama, conseguiu salvar muitos irmãos huguenotes, parte integrante daquela matança horrível do chamado DIA DE SÃO BARTOLOMEU...

Depressa, pois, aclimou-se ao seu novo estado e começou a trabalhar, realizando mais do que fizera aqui, porque agora livre do casulo da carne.

Em vários centros daqui e mesmo de Pedro Leopoldo apresentou-se, autenticando expressivamente pela maneira toda particular de como sabia servir, amar e passar.

O caro irmão Dr. Alcides de Castro, que vivia ainda entre nós, presidenciando o CENTRO ESPÍRITA REGENERAÇÃO, que o caro Dr. Bezerra fundara na CASA DE ISMAEL, agora sediado na rua S. Francisco Xavier, 609, no Rio, numa de suas visitas ao Chico Xavier, recebeu uma longa e abençoada mensagem assinada pelo espírito do apóstolo brasileiro e dedicada a todos os diretores do REGENERAÇÃO, apresentando-lhes medidas felizes, conselhos oportunos e providenciais.

O Dr. Alcides rejubilou-se com o valioso presente recebido e, chegando aqui, incontinenti, compareceu à sede do Centro para ler a mensagem recebida.

Tirou-a do bolso e, surpreso, verificou que a parte final havia desaparecido...

Procurou-a em outros bolsos, na pasta, em seus pertences, e não a encontrou.

Triste com a perda de tão valioso documento, isto é, com sua parte final, justamente a que continha algo mais importante para todos, escreveu ao Chico, inteirando-o do acontecido. E, dias depois, recebeu uma carta do estimado médium, que lhe dizia:

"A irmã Esmeralda Bitencourt está aqui comigo, em visita, quando acabo de receber, querido Alcides, sua carta e *ela o aconselha* a procurar o resto da mensagem dentro do Evangelho, que você aqui comprou e deixou na sua mesinha-de-cabeceira."

Recebida a resposta do Chico, o Dr. Alcides procurou o Evangelho e, de fato, numa de suas páginas, estava o final da mensagem procurada.

O prezado espírito da irmã Esmeralda Bitencourt deu de si uma demonstração de que está a SERVIÇO DO SENHOR, tão depressa conseguiu aclimar-se à sua nova vida, e o querido Chico Xavier mais uma prova de mediunidade segura, humilde e valiosa.

79
Palavras Finais em Forma de Prece

Senhor Deus, abençoa nosso humilde livrinho! Faze que ele toque os corações de seus leitores, que os medique, que os embeleze, que os faça repletos de amor, de dó, de compaixão, de tolerância a favor de seus irmãos sofredores do corpo e do espírito!

Protege nosso querido e humilde Chico Xavier para que continue sendo um modelo para os verdadeiros espíritas, os cristãos em Cristo, realizando, no lar e na rua, em toda parte, o discipulado de servir, amar e perdoar!

Desperta nossos irmãos médiuns para o dever de, acima de tudo, esquecendo de si, realizar a mediunidade gloriosa, procurando fazer jus aos desejos da espiritualidade: amar o estudo, enriquecer o coração de amor e, com devoção e espírito de renúncia, exercer seu DOM, seu talento novo, sua possibilidade de descobrir o tempo perdido noutras vidas!

E, por fim, Senhor Deus, abençoa o mundo, que aí está cheio de guerras e de ódios, tocando os corações dos que chefiam, comandam, exercem o poder, realizam e projetam ensinamentos, procurando instruir e educar, dentro da didática cristã, o programa de Jesus Cristo, que deseja que todos os seus discípulos se salvem, realizando CARIDADE e sempre CARIDADE!

E que, por obra do amor de teu coração generoso, possamos todos os que já fomos conquistados por teu filho amado, dizer no fim de nossa jornada: EU VENCI O MUNDO E A MIM MESMO, REALIZANDO AMOR!

Que assim seja!